살아 있는 기도

Living Prayer by Anthony Bloom

Copyright © 1988, 1990, 2020 by Darton, Longman and Todd Ltd

살아 있는 기도

1975년 11월 20일 교회 인가
2023년 1월 1일 초판 1쇄 펴냄
2023년 4월 24일 초판 2쇄 펴냄

지은이 · 안토니 블룸
옮긴이 · 김경희
펴낸이 · 정순택
펴낸곳 · 가톨릭출판사
편집 겸 인쇄인 · 김대영
편집 · 강서윤, 김소정, 정주화
디자인 · 정호진
마케터 · 안효진, 임찬양

본사 · 서울특별시 중구 중림로 27
등록 · 1958. 1. 16. 제2-314호
전자우편 · edit@catholicbook.kr
전화 · 1544-1886(대표 번호)
지로번호 · 3000997

ISBN 978-89-321-1843-7 03230
값 15,000원

성경 ⓒ 한국천주교중앙협의회, 2005

이 책의 한국어 출판권은 (재)천주교서울대교구 가톨릭출판사에 있습니다.
저작권법에 의해 한국 내에서 보호를 받는 저작물이므로 무단 전재와 무단 복제를 금합니다.

가톨릭의 모든 도서와 성물을 '**가톨릭출판사 인터넷쇼핑몰**'에서 만나 보실 수 있습니다.
http://www.catholicbook.kr | (02)6365-1888(구입 문의)

살아 있는 기도

안토니 블룸 지음 | 김경희 옮김

가톨릭출판사

머리말

저에게 예배 행위는 관계를 의미합니다. 신자가 아니었던 저는 어느 날 하느님을 만났습니다. 곧이어 그분은 저에게 지고의 가치와 인생의 완전한 의미를 부여하는 분으로, 동시에 하나의 인간으로 나타나셨습니다. 저는 기도란 기도를 할 대상을 가지지 못한 사람에게는 전혀 의미가 없다고 생각합니다. 하느님께서 살아 계시다는 것을 느끼지 못하는 사람에게 기도를 가르쳐 줄 수는 있어도 자발적으로 하게 할 수는 없습니다. 따라서 여기서 전하고자 하는 것은 관계를 맺을 하느님의 인격적 실재實在에 대한 확신, 바로 그것을 전하고 싶습니다. 그리하여 여러분들이 하느님을 이웃으로, 인간으로 여기기를 바라며, 형제나 친구

관계를 중요시하듯 하느님과 맺는 관계도 소중히 생각하기를 바랍니다.

공동 기도나 개인 기도가 형식적인 듯 보이는 이유가 여기 있습니다. 기도가 하느님과 친교를 나누는 것임을 자주 잊기 때문입니다. 물론 이 기도가 어떠해야 한다고 정의를 내릴 수는 없습니다. 어떤 방식으로 표현하든 영적 친교라는 근본적인 침묵을 표현하는 데 도움이 될 것입니다.

인간적인 관계에서도 사랑이나 우정이 깊을 때에 침묵하는 경우가 있습니다. 친교를 나누기 위해서 말을 많이 할수록 그 관계는 피상적이 됩니다. 그러니 하느님께 경배하기를 원한다면 먼저 행복을 느끼고 그와 함께 침묵하는 법을 배워야 합니다. 이것은 처음 생각할 때는 쉽지만 어느 정도의 시간과 확신, 시작하려는 용기가 필요합니다.

18세기 성인인 프랑스 아르스의 비안네 신부가 한 농부에게, "기도하는 것 같지도 않은데 교회에 몇 시간씩 앉아서 무엇을 하십니까?" 하고 물었을 때 그 농부는 이렇게 대답하였습니다. "나는 그분을 보고, 그분은 나를 보고 우리는 서로 행복해하지요."

그는 침묵 안에서 하느님과 대화하는 방법을 알았습니다. 우리는 어떤 형태의 예배 행위도 사용할 수 있으나, 일상적으로 사용하는 말로만 기도를 하려 한다면 깊이 있는 침묵을 담기 어렵게 됩니다. 그러면 부족함을 느끼고 이런 말들에 싫증을 내게 될 것입니다. 그러나 침묵으로 다가가 거기에 올바른 정신이 불어넣어진다면 이 말들은 얼마나 우리를 고무해 주겠습니까!

"주님, 제 입술을 열어 주소서. 제 입이 당신의 찬양을 널리 전하오리다."(시편 51,17)

제1장

기도의 본질

Chapter 1
The Essence of Prayer

마태오 복음서는 우리에게 처음부터 기도의 정수精髓를 전해 줍니다. 동방 박사들은 오랫동안 기다리던 별을 발견하고 지체 없이 왕을 찾으러 떠났습니다. 구유에 도착해서는 무릎을 꿇고 선물을 드리고 완전한 기도를 바쳤습니다. 묵상과 경배로 말입니다.

인기 있는 신앙 서적들을 보면 '기도는 매혹적인 모험'이라고 말합니다. "오십시오. 기도를 배웁시다. 기도는 재미있고 놀라움을 느끼게 하며 새로운 세계를 발견하게 해 줍니다. 여러분은 기도를 통해서 하느님과 만나고 영적인 삶을 발견할 것입니다." 이와 같은 말을 흔히 볼 수 있습니다. 물론 어떤 의미에서는 사실입니다. 그러나 기도란 위험한 것이며 그러한 위험을 감수하지 않고는 그 안으로 들어갈 수 없습니다. 바오로 사도가 말하듯 "살아 계신 하느님의 손에 떨어지는 것은 무서운 일"(히브 10,31)입니다.

그러므로 살아 계신 하느님을 만나기 위해 떠나려는 것은 모험이며, 하느님과 하는 모든 만남은 최후의 심판이기도 합니다. 성찰을 할 때든 기도를 할 때든 우리는 하느님의 현존 안에 들어갈 때마다 위험으로 가득 찬 일을 하는 것입니다. 성경의 말씀대로 하느님께서는 불꽃이시기 때문입니다. 성스러운 불꽃에 완전히 자신을 침잠시키고, 타오르지만 결코 소멸되지 않는 광야의 불타는 떨기(탈출 3장 참조)가 될 준비가 되어 있지 않다면, 우리는 곧 타 버리게 될 것입니다. 기도란 외부의 행위가 아니라 우리 내면에서 일어나는 행위이기 때문입니다.

하느님께 가까이 나아간다는 것은 주님의 아름다움과 우리 사이에 놓여 있는 거리를 발견하는 일입니다. 하지만 여기서 '거리'라는 말은 적절하지 않습니다. 하느님께서는 거룩하시고 우리는 죄가 많기에 거리가 생기지는 않기 때문입니다. 이 '거리'는 죄인이 하느님께 어떤 태도를 지니는지에 달려 있습니다. 즉, 회개하기만 한다면 하느님께 가까이 나아갈 수 있습니다.

회개한다면, 신실하게 살지 못했어도 그분을 사랑하기만 한다면, 주님 없이 안전하게 살기보다 위험을 무릅쓰고라도 그분을 사랑하기를 바란다면, 우리는 그분에게 마음을 열고 그분은 우리에게 자신을 열어 주실 것입니다. 여기에는 '거리'가 없습니다. 주님께서는 자비로운 사랑으로 우리에게 가까이 오십니다. 그러나 교만과 독단으로 하느님 앞에 선다면, 마치 거기 서 있을 권리가 있다는 듯 행동한다면, 그곳에 서서 하고 싶은 말만 내뱉는다면, 그분과 우리 사이의 '거리'는 무한히 멀어집니다.

C. S. 루이스는 《스크루테이프의 편지*Screwtape Letters*》에서 '거리'는 상대적이라고 알려 줍니다. 대천사가 주님 앞에 서서, 그분을 이해하려는 마음이 아니라 하느님께 책임을 지라고 강요할 목적으로 그분께 말을 꺼내는 순간, 그 대천사는 자신이 하느님과 무한히 '거리'가 있음을 깨달았습니다. 하느님께서는 움직이지 않으셨고, 대천사였던 사탄은 한없이 멀리 떨어졌습니다(스크루테이프의 편지 19장).

하느님께 다가갈 때마다 우리는 그분과 우리 사이에 얼마나 큰 차이가 있는지 분명히 알게 됩니다. 하느님과 멀리 떨어져 산다면, 즉 하느님의 모습이나 현존을 크게 생각하지 않는다면 이를 인식하지 못할 수도 있습니다. 그러나 하느님께 가까이 가면 갈수록 이는 뚜렷하게 부각됩니다. 성인들이 자신의 죄를 깨닫게 된 것은 그 죄가 아니라 하느님의 거룩한 모습을 끊임없이 떠올렸기 때문입니다. 하느님께 바탕하지 않고 우리 자신을 생각한다면 죄와 덕은 사소하고 다소 의미 없는 문제가 됩니다. 그럴 때는 주님의 현존에 바탕한 것과 배치되기에, 안락하지만 심각하고 비극적인 상황에 처합니다.

하느님께 가까이 갈 때마다 우리는 생명과 죽음을 마주합니다. 생명은 주님께 나아가 그분으로 인해 새로워지는 것입니다. 죽음은 통회하는 마음 없이, 그분께 다가가는 것입니다. 교만하고 오만하게 되는 것입니다. 그러므로 기도라는 매혹적인 모험이 가장 중요하고 경외심을 불러일으킨다고 말할 순 없습니다. 하느님을 만나는 것이 더 중요합니다. 그리고 그 과정에서 생명을 잃게 될 것임을 꼭 깨달아야 합니다. 아담은 반드시 죽어야 합니다. 그는 두려운 존재이며, 우리가 집착하는 대상입니다. 그래서 기도를 시작한 후 몇 년 동안은 우리가 아담이 아니라 그리스도의 편에 있다고 느끼기가 매우 어렵습니다.

기도는 설렘이 아니라 새로운 책임감을 갖고 오는 모험입니다. 우리가 아는 바가 없다면 해야 할 것도 없을 테지만 뭐라도 알게 되면 그 즉시 아는 만큼 응답해야 합니다. 이는 선물일 수도 있지만, 우리가 얻은 진리만큼 책임을 져야 함을 뜻하기도 합니다. 우리가 얻은 그 진리를 그냥 버려둬서는 안 되며 그것을 감안하여 행동해야 합니다.

기도의 모험에 접근하려면 두려움과 경배하는 마음, 극도의 존경심을 가지고 있어야 합니다. 그럴 때에야 기도라는 모험에 다가갈 수 있습니다. 안락의자에 앉아서 "이제 나는 하느님 앞에서 그분을 경배하는 행위를 하고 있어."라고 말하는 것만으로는 부족합니다. 실제 그리스도께서 앞에 계신다면 우리는 다르게 행동할 것입니다. 주님의 현존이 보일 때 행동하는 듯 주님이 보이지 않을 때에도 그렇게 행동해야 합니다.

이는 마음의 자세와 이것이 몸에 반영되는 것을 의미합니다. 만약 그리스도께서 육체뿐만 아니라 정신적으로도 완벽하게 우리 앞에 계신다면 우리는 경외심과 하느님에 대한 두려움, 그분을 경배하는 마음뿐만 아니라 공포감까지도 갖게 될 것입니다. 그러니 지금처럼 쉽게 행동해서는 안 됩니다. 현대에 와서 우리는 기도의 감각을 상실했고, 육체적인 태도가 마음에서 부차적인 것이 되었습니다. 육체적인 태도 역시 중요한데도 말입니다. 우리는 육체에 거하는 영혼이 아니라 육체와 영혼으로 이루어진 인간임을 잊고 있습니다. 바오로 사도가 "하느님께서 값을 치르고 여러분을 속량해 주셨습니다. 그러니 여러분의 몸으로 하느님을 영광스럽게 하십시오."(1코린 6,20) 하고 말하였지만 우리는 육체와 영혼으로 하느님을 찬양하도록 부르심 받았음을 잊었습니다.

기도는 다른 것에 자리를 내어 주고 점점 밀려납니다. 그러면서도 우리는 하느님이 계시기를 바랍니다. 하느님이 없으면 생명이 없어서도 아니고 그분께서 최고의 가치라서도 아닙니다. 그저 하느님께서 주시는 크나큰 은총이 너무 좋고 그분과 함께하는 것이 너무 좋기 때문입니다. 이런 마음으로 하느님을 찾을 때 우리는 결코 그분을 만나지 못합니다.

이렇게 위험해 보임에도 불구하고, 기도는 완전한 인간이 되기 위해, 주님과 완전한 친교를 이루기 위해 할 수 있는 최선의 방법입니다. 기도는 베드로 사도가 말한 것처럼 하느님의 본성에 참여하는 가장 좋은 길입니다(2베드 1,4 참조).

사랑과 우정은 우리가 이를 키우기 위해 많은 것을 희생할 마음이 없다면 자라지 않습니다. 이와 같이, 우리는 주님께 첫째 자리를 드리기 위해 많은 것을 내려놓을 준비가 되어 있어야만 합니다.

"네 마음을 다하고 네 목숨을 다하고 네 힘을 다하고 네 정신을 다하여 주 너의 하느님을 사랑하라."(루카 10,27 참조) 이 말은 매우 간단한 계명 같으나 보기보다는 훨씬 많은 것을 내포하고 있습니다. 누구나 마음을 다해 누군가를 사랑해 본 적이 있을 것입니다. 그때 사랑하는 사람을 만나지 않고 단지 그를 생각하는 것만으로도 기쁨을 느낍니다. 그 기쁨은 우리에게 위안을 줍니다. 이와 같은 방법으로 하느님을 사랑하려 노력해야 하며, 그분의 이름을 입에 올릴 때마다 우리 마음과 영혼이 무한한 온기로 채워져야 합니다. 언제나 우리 마음에 주님이 계셔야 합니다.

온 힘을 다해 하느님을 사랑하기 위해서는 하느님께 속하지 않은 모든 것을 의도적으로 벗어 버려야 합니다. 하느님을 향하도록 끊임없이 노력해야 합니다. 기도는 이미 우리가 그것을 하며 하느님을 중심에 두기 때문에 좀 더 쉬운 방법입니다. 반면 다른 행동은 우리가 물질적인 성취에 집중하므로 하느님께 그것을 바치기 위해 특별히 신경 써야 합니다.

동방 박사들은 누구도 상상하지 못할 정도로 많은 난관을 극복하며 오래도록 여행했습니다. 우리도 각자 그들처럼 여행합니다. 그들은 왕에게 줄 황금과 하느님을 위한 유향, 죽음을 당해야 할 인간을 위한 몰약을 예물로 준비했습니다. 그런데 주님께 빚진 우리가 어디서 황금과 유향, 몰약을 얻을 수 있을까요? 우리가 소유한 모든 것은 주님께서 주셨으며 우리의 것이 아닙니다. 그러나 사랑만은 다릅니다. 모든 것이 없어지더라도 사랑은 없어지지 않습니다. 육신, 지성, 소유물은 우리에게서 빼앗을 수 있지만 사랑만은 우리가 내어 주지 않는 한 가져갈 수 없습니다. 이런 의미에서 영혼, 육신의 활동과 다르게 사랑만은 자유롭습니다. 우리 스스로 사랑을 만들 수 없기 때문에 근본적으로 사랑도 하느님의 선물입니다. 그렇지만 일단 소유하면 그대로 가지고 있거나 다른 이에게 줄 수 있는 유일한 것입니다.

조르주 베르나노스는 《어느 시골 신부의 일기*Diary of a Country Priest*》에서 우리가 주님께 자존심을 바칠 수 있다고 말합니다. "그분께 다른 모든 것과 같이 자존심도 드리세요. 모두 다 봉헌하세요." 여기에서 자존심을 바치는 일은 사랑의 선물이 됩니다. 그리고 우리가 바치는 선물은 어떤 것이라도 하느님을 기쁘게 합니다.

"원수를 사랑하여라. 그리고 너희를 박해하는 자들을 위하여 기도하여라."(마태 5,44)

이 말씀은 따르기 쉬운 계명처럼 보입니다. 그러나 사랑하는 사람에게 고통을 주는 자를 용서한다는 것은 전혀 다른 이야기입니다. 이는 충실하지 못한 사람이 된 듯 느껴집니다. 그러나 고통받는 이를 사랑하면 할수록, 나누고 용서하는 능력도 커집니다. 랍비인 예헬 미하엘처럼 "나는 바로 내가 사랑하는 사람이다."라고 말할 수 있을 때 가장 위대한 사랑을 실천하게 됩니다. '나'와 '그'라고 분리해서 표현하는 한 우리는 고통을 나누지 못하며 그것을 받아들이지도 못합니다.

서양화에서 십자가 밑에 있는 주님의 어머니는 눈물을 흘리지 않았습니다. 어머니는 아들과 완전히 일치되었기 때문에 아무것도 반대할 것이 없었습니다. 그분은 그리스도와 함께 십자가에 못 박히고 있었습니다. 자신의 죽음을 겪고 있었습니다. 어머니는 그리스도를 성전에 데리고 가서 그분을 봉헌했을 때 하셨던 일을 이제 성취하고 계셨습니다. 예수님께서는 이스라엘의 모든 자손들 가운데 홀로 피의 제물로 받아들여졌습니다. 그리고 이제 어머니는 그때 했던 전례의 결과가 현실에서 이루어지고 있음을 받아들이는 중입니다. 그때 예수님과 친교를 이룬 것처럼 지금도 완전히 일치했습니다. 그렇기에 어머니는 반대할 것이 없었습니다.

사랑의 대상과 하나 되게 하고, 사형 집행에 대한 고통뿐만 아니라 그에 대한 태도까지 아낌없이 나누도록 하는 것이 사랑입니다. 주님의 어머니나 요한이 십자가에 못 박히신 하느님 아드님의 확고한 의지에 반대하는 모습은 상상할 수 없습니다.

"아무도 나에게서 목숨을 빼앗지 못한다. 내가 스스로 그것을 내놓는 것이다."(요한 10,18)

예수님께서는 세상을 구원하기 위해 스스로 기꺼이 목숨을 내어놓으셨습니다. 그분의 죽음은 구원 사업이었으므로 그분을 믿고 그분과 하나가 되기를 원하는 사람은 죽음의 고통을 나누고 수난을 경험해야 합니다. 그분과 하나 되기를 원하면 수난받기를 거절해서는 안 되며 그리스도를 십자가에 못 박은 무리를 배척해서도 안 됩니다. 십자가에 못 박힌 것은 그리스도 자신의 뜻이었기 때문입니다.

우리는 누군가의 고통에 항의할 수 있습니다. 누군가의 죽음에도 마찬가지입니다. 이는 그의 의도와 태도를 받아들이지 않음을 의미합니다. 그렇다면 이때 우리는 불완전한 사랑을 하는 것이며 그 사람과 일치하지 않게 됩니다.

주님께서 예루살렘으로 가실 때 베드로가 보여 준 사랑을 봅시다. 그리스도께서 자신이 죽을 것임을 말씀하셨을 때 말입니다. 베드로는 "예수님을 꼭 붙들고 반박하기 시작"(마르 8,32)하였습니다. 그러자 그리스도께서는 "사탄아, 내게서 물러가라. 너는 하느님의 일은 생각하지 않고 사람의 일만 생각하는구나."(마르 8,33) 하고 대답하셨습니다. 그리스도의 왼쪽에 있던 도둑의 부인이 베드로와 마찬가지로 남편의 죽음에 똑같이 항의하였을지 모릅니다. 그러나 그들의 태도는 잘못된 것이었습니다.

예수님과 함께 십자가에 못 박히고 수난받고 죽는다는 사실을 나누는 것은 그분과 똑같이 이를 받아들이는 것입니다. 즉 자유 의지로 그분과 함께 고난을 받음을 의미합니다. 거기에는 침묵, 바로 그리스도의 침묵이 있습니다. 몇 마디 결정적인 말로만 중단될 진정한 친교의 침묵이 있습니다. 불쌍하기 때문에 나타나는 침묵이 아니라 그 고통에 공감하여 나타나는 침묵입니다. 이 침묵은 다른 이와 완전한 하나가 되어 더 이상 하나와 다른 하나가 아닌 하나의 삶과 하나의 죽음이 존재하도록 해 줍니다.

역사 속에서 많은 사람들이 박해를 받았고 이를 두려워하지 않았습니다. 그들은 고통을 서로 나누면서 단 한마디도 항의하지 않았습니다. 이에 대해 소피아 성녀를 예로 들 수 있습니다. 성녀는 세 명의 딸들 곁에 서서 그들이 기꺼이 죽어 가도록 용기를 북돋아 주었습니다. 또한 서로 도와주며 결코 고통을 거부하지 않았던 많은 순교자들도 있었습니다.

순교 정신이 나타난 몇 가지 예가 있습니다.

첫 번째는 순교의 기본적 태도가 보여 주는, 고통과 불의에 결코 굴하지 않는 사랑의 정신이 나타난 예입니다. 러시아 혁명 당시 투옥되었다가 건강이 악화되어 풀려나게 된 젊은 신부가 있었습니다. 그 신부는 당신에게 남은 것이 뭐냐는 질문을 받았을 때 이렇게 대답했습니다. "내게 남은 것이라곤 아무것도 없습니다. 모두 타 버렸지요. 그러나 사랑만은 남아 있습니다." 이는 그 신부가 지닌 올바른 정신을 보여 줍니다. 그리고 그와 비극을 나누고자 한다면 그가 지닌 변함없는 사랑도 나눠야만 함을 알려 줍니다.

　두 번째는 부헨발트 강제 수용소에서 돌아온 사람의 이야기입니다. 그는 자신이 겪은 고통보다 그토록 잔인했던 불쌍한 독일 청년들에 대한 걱정이 더 크다고 하였습니다. 그들의 영혼을 생각하면 평화를 찾을 수 없다고 말입니다. 그는 자신에 대한 것도, 4년간 그의 주위에서 고통받고 죽어 간 사람들도 생각하지 않았습니다. 대신 그에게 고통을 준 사람들을 생각했습니다. 고통받은 사람들은 그리스도의 편이었지만 잔인했던 이들은 아니었기 때문입니다.

　세 번째로 포로수용소 안에서 한 유다인 포로가 쓴 기도가 있습니다.

악한 이에게 평화를 주소서!
모든 복수심과 증오와 보복하고자 하는 욕구가
종말을 고하게 해 주소서!
죄악이 모든 척도를 능가하고 있으며
인간의 이해심은 더 이상 이들을 다스릴 수 없습니다.
순교자들이 너무나 많습니다.

주님, 당신의 공정한 저울 위에서 그들의 고통을 재지 마시고

박해하는 사람에게 철저하게 계산하여 고통을 주지 마옵소서.

이들에게는 달리 보답하소서.

사형을 주관하는 사람들, 반역자, 모든 악한 인간들에게는

용기와 영적인 힘과 겸손과 위엄과

끊임없는 내적인 노력과 회상과 눈물을 거두는 미소와 죽음,

아니 가장 연약한 순간에도 남아 있을 수 있는 사랑을

마음에 내려 주십시오.

오, 주님!

이 모든 것들이 당신 앞에 죄의 용서를 위해 놓이기를 바랍니다.

악이 아닌 선을 고려해 주십시오!

그리고 저희는 적대감을 가진 자들의 기억 속에서

회한을 일으키는 이가 아니라

악몽이나 유령이 아니라

그들이 죄악에서 벗어나려 할 때

도움을 줄 수 있는 자 되게 하소서!

저희가 원하는 것은 이 외에는 아무것도 없습니다.

이후에는 저희가 사람으로서, 사람 사이에서 살 수 있도록 해 주시고

우리의 가난한 지상에도,

선한 자와 악한 자에게도 평화가 오게 해 주소서!

  한 러시아 주교는 이렇게 말했습니다. "순교자로서 죽을 수 있는 것은 그리스도인의 특권이다." 그 이유는 순교자만이 최후 심판 때 주님의 심판대 앞에 서서 이렇게 말할 수 있기 때문입니다. "당신의 말과 표상대로 용서해 주었으니, 더는 그들을 판결하지 않으시길 바랍니다." 이는 사랑을 보여 준 순교자가 자신에게 고통을 준 이를 용서할 무조건적인 권한을 얻음을 알려 줍니다. 이는 일상생활에서도 적용됩니다. 타인이 저지르는 사소한 불의로 고통받을 때 우리는 용서할 수도 있고 용서하지 않을 수도 있습니다. 이것은 양날의 검입니다. 용서하지 않으면 용서받을 수 없는 법이니 말입니다.

  정의롭고 하느님을 굳게 믿는 프랑스 가톨릭 신자들은 그리스도께서 사람들이 받는 고통을 어떻게 하길 원하시는지 잘 알고 있습니다. 이에 대한 전형적인 예로 프랑스 혁명 당시 장군이었던 모리스 델베의 이야기를 들 수 있겠습니다. 부하들이 몇몇 적군을 사로잡아서 그들을 총살시키기를 원했을 때 그는 마지못해 이를 승낙했습니다. 다만 부하들에게 주님의 기도를 큰 소리로 바친 후에 이를 시행하라고 명했습니다. 부하들은 주님의 기도를 큰 소리로 외우다 "저희에게 잘못한 이를 저희가 용서하오니 저희 죄를 용서하시고"라는 구절에 이르렀습니다. 그때 비로소 장군의 뜻을 깨달았습니다. 그들은 눈물을 흘리며 포로들을 돌려보냈습니다.

프랑스 작가이자 예수회 소속인 장 다니엘루는 《거룩한 이교도 *Holy Pagans*》라는 책에서 이렇게 말했습니다. "고통은 의인과 죄인을 연결시켜 준다. 고통을 참는 사람은 의인이고, 고통을 주는 이는 죄인이다. 만약 이런 연결 고리가 없다면 이들은 의인과 죄인으로 따로 떨어져서 결코 만날 수 없는 영원한 평행선 위에 머무를 것이다. 그러한 경우 의인에게는 죄인에게 영향을 줄 방법이 없다. 만나지 않는 것을 바꿀 수는 없기 때문이다."

제2장

주님의 기도

Chapter 2
The Lord's Prayer

주님의 기도는 간단하고 끊임없이 사용되지만 어려운 기도입니다. 게다가 다음과 같은 문제가 발견되기도 했습니다. 이 기도는 주님께서 주신 유일한 기도이지만 사도행전에는 누군가가 이 기도를 했다는 흔적이 없습니다. 루카 복음서 11장 1절에는 "주님, 요한이 자기 제자들에게 가르쳐 준 것처럼, 저희에게도 기도하는 것을 가르쳐 주십시오."라는 말씀이 나오는데 이것이 누군가가 주님의 기도를 사용했다는 증거는 아닙니다. 그러나 인용된 적이 없었다고 사용되지 않았다고 볼 수는 없습니다. 주님의 기도는 단순한 기도문처럼 보이지만 기도의 형태 속에 완전한 생활 방식을 포함하고 있습니다. 이 기도는 속박에서 벗어나 자유를 향해 영혼이 점진적으로 상승하는 모습을 보여 줍니다. 또한 놀랍도록 정밀하게 작성되어 있습니다. 연못에 조약돌이 떨어졌을 때와 비슷합니다. 우리는 조약돌이 떨어진 곳에서 뭍 쪽으로 잔물결이 이는 것을 관찰할 수 있습니다. 하지만 반대로 보는 것도 가능합니다. 뭍 쪽에서 잔물결이 이는 것을 보고 물결을 만들어 낸 곳을 유추할 수도 있습니다. 이처럼 주님의 기도는 첫 단어에서 시작하여 분석하는 방법이 있고, 마지막 단어에서 시작하는 방법도 있습니다. 교회나 그리스도를 위해서 더 옳은 방법이 있을지 모르지만 마지막 단어에서 시작해서 첫 단어를 향해 들어가는 방법이 분석하기 쉽다는 점은 확실합니다.

이 기도는 주님께 나아가려는 사람이면 누구든지 바칠 수 있지만, 정확하게는 주님을 '우리 아버지'라고 부르는 자녀의 기도입니다. 그리스도 안에서 하느님 아버지께 가는 길을 찾은 사람들과 그분의 교회 안에 있는 사람들을 위한 기도입니다. 오직 그리스도를 통하여, 그리고 그분 안에서만 하느님의 자녀가 되기 때문입니다.

주님의 기도에 나타나는 영적 삶에 대한 가르침은 탈출기나 산상 수훈에 나타난 가르침 속에서 이해할 수 있습니다. 이 기도의 마지막 단어에서 시작하여 첫 단어를 향해 가며, 영혼이 나아갈 길을 찾을 수 있는 것입니다. 이 기도의 마지막 단어는 속박된 상태를 이야기하며, 이 기도의 첫 단어는 그분의 자녀임을 이야기하니까요.

자유롭던 하느님의 백성은 이집트 땅에서 점차 노예가 되어 갔습니다. 일은 더욱 힘들어지고 생활은 점점 비참해졌습니다. 그 생활은 자신들이 노예임을 받아들이도록 했습니다. 그러나 진정한 자유를 얻기 위해 들고 일어설 만큼 고통스럽지는 않았습니다. 불행이 어느 정도 이상으로 커지면 폭동을 유발합니다. 그렇게 하여 견디기 어려운 상황에서 탈출을 시도하도록 합니다. 그러나 자유는 하느님과 자신, 그리고 주위 세계에 대한 내적 상황입니다. 따라서 폭동을 일으키거나 피하는 일이 자유로 향하는 길은 아닙니다.

이집트를 떠나려 할 때마다 더 힘든 일이 새롭게 유다인에게 주어졌습니다. 그들이 벽돌을 만들어야 할 때 필요한

밀짚은 구하기 어려웠습니다. 파라오는 "너희는 벽돌을 만드는 데 쓰는 짚을 더 이상 예전처럼 저 백성에게 대 주지 마라. 그들이 직접 가서 짚을 모아 오게 하여라. 그러나 벽돌 생산량은 그들이 예전에 만들던 것만큼 그들에게 지워라."(탈출 5,7-8)라고 말했습니다. 하느님의 백성이 일하다 지치도록 해서 반란을 일으키거나 구원을 얻고자 하는 생각을 하지 않길 바랐기 때문입니다.

이와 같이 우리가 이 세상의 임금인 마귀에게 매혹되어 있는 한 우리에게는 희망이 없습니다. 마귀는 인간의 영혼과 육체를 노예로 만들고 살아 계신 하느님에게서 멀어지도록 하는 능력이 있습니다. 하느님께서 친히 구하러 오시지 않는다면 우리에게 구원은 없고 영원히 노예 상태일 것입니다. 이런 까닭에 주님의 기도 끝에서 발견할 수 있는 첫 번째 말이 "저희를 악에서 구하소서."(마태 6,13)라는 구절입니다. 우리는 모세를 통해 이집트 땅에서 구원받았으며, 세례 때에 교회에 주어진 하느님의 권능으로 구원받았습니다. 하느님의 말씀은 이 세상에 울려 퍼져 모든 인간을 자유로 부르고, 지상에서 희망을 잃은 이들에게 하늘에서 오는 희망을 주십니다. 이 말씀은 우리 영혼에서 울려 퍼져 교회의 사람이 되게 하고 교회 밖에 있는 사람을 사랑으로 이끌어 부르심의 소리를 듣게 합니다. 그리하여 "믿음은 들음에서 오고 들음은 그리스도의 말씀으로 이루어집니다."(로마 10,17)라는 말대로 믿도록 합니다.

예비 신자가 주님의 나라에서 자유롭게 되고자 할 때 교회는 특별한 행위를 합니다. 그는 아직 마귀의 손을 벗어나지 못했습니다. 주인의 손에 있는 노예에게 자유를 원하는지 묻는 것이 무슨 의미가 있겠습니까? 노예는 자유를 요구한다면 주인과 단둘이 있을 때 가혹한 벌을 받으리라는 사실을 압니다. 노예로 살면서 공포심은 습관이 되었습니다. 그래서 인간은 악에서 완전히 벗어나기 전까지는 자유를 요구하지 못합니다. 그러므로 하느님께서 구원해 주신다는 소망을 가지고 그 자리에 서 있는 이에게는 질문을 던지기 전에 먼저 사탄에게서 구해야 합니다. 이것이 그리스 정교회와 로마 가톨릭 교회의 세례식 때 구마 기도를 먼저 드리는 이유입니다. 그렇게 노예 상태에서 벗어나야 마귀를 끊어 버리고 그리스도와 함께하기를 원하는지 질문합니다. 이 질문에 자신의 의지로 한 대답을 받고 나서야 교회는 그를 그리스도의 지체로 받아들입니다. 악마는 노예를 원하지만 하느님께서는 그분과 뜻이 일치하는 자유인을 원하십니다.

탈출기에서 악은 이집트의 파라오였습니다. 생존을 위한 모든 가치는 파라오와 연결되어 있었습니다. 백성들은 노예로 지내는 조건으로 생활에 필요한 음식을 제공받았습니다. 이런 상황에서 기도를 한다는 것은 무기를 드는 것보다 더 본질적이고 궁극적인 반란이며, 동시에 하느님과 관계 맺고 이 관계에 책임을 지는 행동입니다.

이리하여 탈출기가 시작되는 첫 번째 상황은 노예 상태에 있음을 발견하는 것입니다. 이러한 상황은 반란을 일으키거나 도피를 한다고 해결되지 않습니다. 도망을 가거나 반란을 일으켜도 자신이 변하지 않으면 우리는 노예로 남을 수밖에 없습니다. 산상 수훈에서는 이렇게 말합니다. "행복하여라, 마음이 가난한 사람들! 하늘나라가 그들의 것이다."(마태 5,3) 그렇지만 노예 상태인 가난, 그 자체가 하늘나라로 들어가도록 해 주지는 않습니다. 노예는 지상의 재물뿐만 아니라 하늘나라의 재물도 빼앗깁니다. 요한 크리소스토모 성인은 "가난한 사람이란 소유하지 않은 사람을 가리키는 것이 아니라 소유하지 않기를 바라는 사람"이라고 말했습니다.

가난은 얼마나 소유하였는지에 뿌리를 둔 것이 아니라, 우리가 도달할 수 없는 곳을 얼마나 갈망하는지에 달려 있습니다. 인간의 조건을 생각할 때 우리는 하나도 가진 것 없고 궁핍하기만 하다는 것을 쉽게 발견할 수 있습니다. 아무리 부유해 보인다 해도 우리가 소유한 것은 모두 하느님이 주셨기 때문입니다. 우리가 무언가를 잡으려 하면 이것이 사라졌다는 것을 곧 알게 됩니다. 우리는 아무것도 없음에서 그분의 현존으로 부르시는 하느님의 말씀에만 뿌리를 두고 있습니다.

우리가 가졌다고 여기는 생명과 건강도 스스로 유지할 수 없습니다. 정신적·심리적 자질資質도 이와 같습니다. 아무리 똑똑한 사람도 두뇌에 있는 아주 작은 혈관이 터진다면 세상을 떠나게 됩니다. 감정의 영역도 마찬가지입니다. 한순간도 뜻대로 동정을 느낄 수 없으며, 성당에 나가도 마음이 냉담해지는 경우가 있습니다. 이것은 근본적인 가난이지만 이 가난이 우리를 천국의 아이들로 만들어 주지는 않습니다. 삶의 매 순간에 모든 것이 우리 손안에 있지 않아 불행하다고 느끼거나 단지 그것들이 없다는 사실만 깨달을 때 가난은 우리를 하느님 나라의 즐거운 자녀로 만들지 않고 아무 능력도 없는 증오스러운 상황의 희생자로 만들 뿐입니다.

다시 "마음이 가난한 사람들"이라는 어구로 돌아와 보면, 천국으로 통하는 가난은 인간적인 지식과는 아주 다른 차원에 있음을 알 수 있습니다. 만약에 우리가 자신 안에 형태는 없으나 존재하는 무언가를 깨닫게 된다면, 그리고 이를 위해 결코 그치지 않는 사랑의 행위가 뒤따른다면, "마음이 가난한 사람들"이라고 말할 수 있습니다. '우리의 것'이라고 주장할 만한 것이 없음을 알고 이 모두가 매 순간마다 구체적으로 표현되는 주님의 사랑임을 깨달을 때 비로소 승리하고 온전한 기쁨을 느끼게 됩니다. 우리는 결코 '우리의 것'이라고 해서는 안 됩니다. 하느님의 선물이 아닌 '우리의 것'이 되는 물건들은 많지 않습니다. 나의 것이 된다 하더라도 그 물건은 상호 사랑의 관계와 어울리지, 매 초마다 끊임없이 주어지는 하느님의 성스러운 사랑의 행위를 받아 새로워질 수는 없습니다. 그리하여 우리는 '주님, 이는 나의 것이 아닙니다. 만약 나에게 속한다면 이는 사랑이 없는 채일 뿐입니다.'라고 생각해야 합니다. 이런 생각이 우리에게 가져오는 관계는 복음서에서 "하늘나라"라고 부르는 왕국으로 들어가도록 이끌어 줍니다.

상호 사랑의 관계에서 왕에게 모든 것을 받고, 부유해지기를 원하지 않는 사람만이 왕국에 속하게 됩니다. 부유하다는 것은 물건을 소유하고 사랑을 잃는 것을 뜻하기 때문입니다. 우리가 하느님을 발견하고 모든 것이 하느님의 소유라는 점을 깨닫게 되는 순간 우리는 신성한 왕국으로 들어가서 자유를 얻게 됩니다.

모세에게 인도되고 교화된 유다인들이 무엇인가를 일으킬 수 있었던 때는 그들의 노예 상태가 하느님과 연관되어 있으며 인간이 만들지 않았음을 깨달은 때였습니다. 또 하느님 왕국과 그들의 관계가 다시 이루어지길 바랄 때였습니다. 우리가 노예임을, 가진 것이 하나도 없음을 깨달을 때, 이것이 하느님의 지혜 속에서 해결되고 모든 것이 하느님의 권능 안에 있음을 깨달을 때, 그제야 비로소 "저희를 악에서 구하소서."(마태 6,13)라고 말할 수 있기 때문입니다.

유다인들은 이집트 땅에서 벗어나기 위해 모세의 안내를 받고 어둠 속에서 그를 따라 홍해를 건너, 새로운 시대가 시작되는 광야로 갔습니다. 그들은 자유로웠으나 약속된 땅의 영광은 아직 맛볼 수 없었습니다. 이집트에서 가졌던 노예의 정신과 노예의 습관이 아직 남아 있었기 때문입니다. 자유인이 되는 데는 자신들이 노예 상태임을 깨닫는 것보다 더 많은 시간이 걸립니다.

노예는 머리를 둘 곳이 있으며, 음식을 약속받습니다. 비록 낮지만 사회적 신분을 갖고 있으며, 주인이 그를 책임지기 때문에 안전합니다. 비록 고통스럽고 굴욕스러우며 비참한 상태이긴 하지만 말입니다. 반면에 자유인은 극도로 불안한 상태입니다. 자신의 손으로 운명을 엮어 가며, 하느님께 근원을 둔 자유를 찾을 때에야 비로소 새로운 방향에서 안전하게 됩니다.

이 불안감 때문에 유다인들은 사무엘 예언자에게 임금을 보내 주기를 청했습니다. 몇 세기 동안 유다인을 인도하신 것은 하느님이셨습니다. 즉 그들은 하느님의 길을 아는 성스러운 사람들에게 인도받아 왔습니다. 아모스가 이야기하듯이 예언자는 하느님께서 자신의 생각을 나누시는 사람이었습니다(아모 3,7 참조). 사무엘 시대에 유다인은, 하느님의 보호 아래 있다고 해도 세속적인 의미로는 여전히 불안하다고 생각했습니다. 거룩함, 봉헌, 하기 힘든 도덕적 가치들을 지켜야 하느님의 보호 아래 있을 수 있었으니까요. 그래서 그들은 "이제 다른 모든 민족들처럼 우리를 통치할 임금을 우리에게 세워 주십시오."(1사무 8,5) 하며 사무엘에게 요청했던 것입니다.

사무엘은 배반이라고 생각되어 이들의 말을 듣지 않으려 했습니다. 그러나 하느님께서는 그에게 "그러니 이제 그들의 말을 들어주어라. 그러나 엄히 경고하여 그들을 다스릴 임금의 권한이 어떠한 것인지 그들에게 알려 주어라."(1사무 8,9)라고 이르셨습니다. 그들의 생활에 대해서 "임금은 여러분의 아들들을 데려다가 자기 병거와 말 다루는 일을 시키고, 병거 앞에서 달리게 할 것이오. 또한 그는 여러분의 딸들을 데려다가, 향 제조사와 요리사와 제빵 기술자로 삼을 것이오."(1사무 8,11-13 참조)라고 말했습니다. 그러나 백성은 여전히 고집을 부리며 "상관없습니다. 우리에게는 임금이 꼭 있어야 하겠습니다."(1사무 8,19)라고 했습니다. 그들은 자유를 대가로 안전을 사고 싶었습니다.

물론 이는 하느님께서 바라시는 일은 아니었습니다. 탈출기와 정반대되는 일입니다. 하느님의 뜻은 노예 생활의 안전함을 자유인의 불안함으로 바꾸는 것이었습니다. 더 이상 노예로 남고 싶지 않았지만 아직 자유로워지는 방법을 모르고 있었기 때문에 힘든 일이었습니다. 광야에서 유다인들에게 어떤 일이 일어났습니까? 음식을 제공받았지만 얼마나 자주 그들이 노예로 있었던 이집트 시절을 그리워했는지 기억해 보십시오. 지붕도 없고 음식도 없어서 그때까지 전적으로 의지하지 않았던 하느님의 뜻에 온전히 맡겨야 한다는 것을 얼마나 자주 불평했는지 기억해 보십시오.

하느님께서 우리에게 주신 은총 덕분에 우리는 새로운

피조물이 되었습니다. 그러나 이집트의 유다인들처럼 우리는 노예로 살고 있으며, 아직까지 영혼과 의지와 자신의 내면에서 진정한 자유인은 아닙니다. 자신의 힘으로 이를 해내려고 할 때 우리는 유혹에 빠지게 됩니다.

"저희를 유혹에 빠지지 않게 하시고"(마태 6,13)라는 말은 이집트 땅과 약속된 땅 사이의 좁은 지역에서 유다인들이 보냈던 40년을 우리에게 상기시켜 줍니다. 이렇게 오랜 세월이 걸린 것은 그들이 하느님에게서 돌아설 때마다 그들의 발걸음이 약속된 땅에서 멀어졌기 때문입니다. 우리가 약속된 땅에 도달하는 유일한 길은 하느님의 뜻에 따르는 것입니다. 이집트 땅으로 마음이 돌아설 때마다 걸음은 늦춰지고 방황하게 됩니다. 우리는 하느님의 자비로 자유로우며 마음대로 할 수 있지만, 감히 누가 "나는 발걸음을 멈추지 않고 올바른 길로 나아갔다."라고 말할 수 있겠습니까?

"저희를 유혹에 빠지지 않게 하시고"(마태 6,13)라는 말은 노예 상태에 빠지지 않게 해 달라는 의미입니다.

노예 상태를 깨닫고, 단순히 슬프고 불행하다는 느낌에

서 깊은 상심과 마음의 가난함으로 변화될 때, 이집트 땅에 감금되어 있다는 사실은 다음과 같은 산상 수훈의 구절로 응답받을 것입니다.

"행복하여라, 슬퍼하는 사람들! 그들은 위로를 받을 것이다. 행복하여라, 온유한 사람들! 그들은 땅을 차지할 것이다."(마태 5,4-5)

천상 왕국을 발견하고, 자신의 책임을 깨닫고, 노예가 된 비극을 알아차린 결과 이 슬픔은 단순한 노예 상태보다 더 쓰디쓴 것이 될 것입니다. 노예는 외부 상황에만 불평하지만 하느님께 축복받은 이, 슬퍼하는 이는 불평 없이 상심합니다. 그러면서 자신이 처한 상황이 훨씬 더 비극적임을, 즉 자신이 내적으로 노예 상태에 처했고, 하느님과 철저하게 단절된 상황임을 깨닫습니다. 그리고 온유함이 없는 한 이러한 상황에서 벗어나지 못한다는 것도 알게 됩니다.

온유함은 여러 의미를 내포하는 어려운 단어입니다. 별로 사용되지 않으며, 그 말을 이해하는 데 도움을 줄 만한 온유한 사람들과 만날 기회도 거의 없기 때문입니다.

J. B. 필립스는 "아무것도 요구하지 않는 자들은 행복하여라." 하는 말을 "행복하여라. 아무것도 차지하려 하지 않는 사람들!"이라고 번역합니다. 누구든 무엇을 소유하려 하면 얽매이고 소유하지 않으면 자유로워집니다.

온유하다는 말의 또 다른 해석은 슬라브어를 그리스어로 번역하는 가운데에서 찾을 수 있습니다. 온유하다를 뜻하는 그리스어는 '길들이다'를 뜻하는 슬라브어를 번역한 것입니다. 길들여진 사람이나 동물은 처벌을 무서워하지 않으며, 주인의 권위에 복종합니다. 그리고 시간이 점점 지나 한 단계 더 진전되어 새로운 자질을 발견하고 난폭한 탄압에서 초탈합니다.

이집트 땅의 노예살이에서 구원받을 때 우리는 길들여져야 했습니다. 다시 말해서 우리가 처한 상황에 나타나는 하느님 뜻의 심오함과 중함, 그리고 그 뜻의 현존現存을 깨달아야 했다는 의미입니다. 그것은 반란을 일으키거나 피해서는 안 되며, 우리 안에서 천국을 발견하여 지상의 왕국으로 발전시키는 하느님의 인도하심에 따르는 일이어야 합니다. 마음이 흔들리고 내적으로 갈등이 생길 때 "저희를 유혹에 빠지지 않게 하시고 악에서 구하소서."라고 말하십시오. 이제 우리는 움직일 수 있는 곳에 있습니다. 탈출기를 돌이켜 보십시오. 유다인들은 자신들이 도덕적으로 나약하기 때문에 노예가 된 하느님의 백성임을 깨달았습니다. 그들을 노예로 만든 이들은 그 누구도 놓아주려 하지 않았습니다. 그래서 유다인들은 홍해를 건너는 위험을 감수해야 했습니다. 그러나 홍해를 넘어섰을 때에도 그곳은 약속된 땅이 아니라 불타는 광야였습니다.

그들은 이를 넘어가려면 많은 어려움을 겪어야 한다는 사실을 알았습니다. 노예 상태에서 자유로워지려고 할 때 이 점을 깨달아야 합니다. 폭력이, 기만이, 오래된 습관이라는 내면의 적이 공격해 오리라는 점을 말입니다. 저 너머 사막 외에는 아무것도 약속되지 않았습니다. 그곳을 넘어가야만 약속된 땅이 있습니다. 그러나 너무 멀기 때문에 우리는 여행의 위험을 감수해야 합니다.

이집트와 사막, 노예 상태와 자유 사이의 경계선에 나타나는 한 가지가 있습니다. 그것은 우리가 단호하게 행동해 새로운 사람이 되어 완전히 새로운 도덕적 상황에 놓였을 때 나타납니다. 그것은 지도상에서는 홍해였고, 주님의 기도에서는 "저희에게 잘못한 이를 저희가 용서하오니"라고 말하는 구절입니다. 이렇게 하는 용서는 구원을 우리 손에 맡기는 일입니다. 우리가 어찌하는지에 따라 하느님께서 하시는 일이 결정되기 때문입니다. 이는 일상생활에서 매우 중요하게 여겨야 할 점입니다.

만약 이집트 땅에서 약속된 땅으로 이동하는 이들이 공포와 원한과 증오와 비탄을 품고 있었다면 그들은 약속된 땅에서도 노예가 되었을 것입니다. 그들은 그 중간 과정에서마저 자유인이 되지 못할 것입니다. 이것은 불의 시련과 낡은 습관이라는 기만 사이의 경계선에서 하느님께서 결코 포용해 주시지 않는 절대적 조건입니다. 우리가 용서할 때 사용하는 방식이 그대로 우리에게 적용되며, 우리가 용서하듯 용서받을 것입니다. 만약에 용서하지 않는다면 그것은 우리에게 얽매일 것입니다. 이는 하느님의 뜻이 아닙니다. 용서하지 않으면 사랑의 신비를 확인하고도 거부하는 것이며, 천상 왕국에 설 자리를 없애는 것입니다. 우리에게 잘못한 사람을 용서하지 않는 한 우리는 용서받을 수 없으며 더 이상 나아갈 수 없습니다. 이것은 매우 예리하며 정확하기 때문에 마음속에 용서하지 않는 부분이 있다면 아무도 하느님의 왕국에 있다거나 거기에 속한다고 생각할 권리가 없습니다. 원수를 용서하는 것은 그리스도인에게는 첫째가는 가장 기본적인 사항입니다. 그렇지 못하다면 아직 그리스도인이 아니며, 뜨거운 시나이 광야에서 여전히 헤매게 됩니다.

마음이 부드러워진 순간에 용서하는 것은 비교적 쉬운 일일지 모르지만 대체로 용서하기는 매우 어렵습니다. 용서는 사실 다른 사람에게 유예 기간을 주는 것입니다. 만약 계속 유예한다면 용서받은 사람은 운이 좋습니다. 그럴 때 우리는 초조하게 회개의 증거를 기다리며 회개하여 더 이상 과거와 같지 않음을 확인하길 바랍니다. 이 상황은 평생 계속될 수 있습니다. 이러한 태도는 복음서의 가르침과 정반대되는 것입니다. 그러므로 용서의 법法은 노예 제도와 자유 사이에 있는 작은 시내가 아닙니다. 깊고 넓은 홍해입니다.

유다인들은 사람이 만든 배를 타고 그들 자신의 힘으로

홍해를 건너지 않았습니다. 바다는 하느님의 권능으로 갈라졌습니다. 하느님께서는 그들을 이끄셨습니다. 그러나 그분의 이끄심을 따르려면, 용서라는 하느님의 속성과 소통해야만 합니다. 잘못했을 때 하느님께서는 우리가 변할 때까지 약하고 연약한 존재라는 점을 잊지 않으십니다. 이를 기억하십시오. 그분께서는 결코 비난하시거나 나무라시지 않습니다. 하느님께서는 우리와 함께 삶 속에 뛰어드시어 더 무거운 십자가를 짊어지시고는 우리가 하고 싶지 않거나 수행하지 못하는 일, 새로운 골고타 언덕을 올라가실 것입니다.

우리가 논의한 첫 문장인 "저희를 악에서 구하소서."라는 문구를 말하려면 가치에 대한 재평가와 새로운 태도가 필요합니다. 울부짖지 않고서는 다른 어떤 방법으로도 말할 수 없는 이러한 태도를 얻기 위해서는 내면의 변화가 필요합니다. 스스로는 이를 이룰 수 없습니다. 시련에서 우리를 보호해 달라고 간청하는 것은 상황을 근본적으로 변화시켜 달라고 청하는 것이기 때문입니다.

그러나 "저희가 용서하오니 저희 죄를 용서하시고"라고

말하는 것은 더욱더 어려운 일이며, 이는 인생에서 가장 큰 문제입니다. 왜냐하면 우리는 지배했거나 가혹하게 부렸던 사람에 대한 원한을 넘겨 버리지 않는다면 이 구절을 건너갈 수 없기 때문입니다. 만약 용서할 수 있다면, 즉, 노예의 땅에다 모든 탐욕과 집착, 원한을 남겨 두고 온다면, 그때는 건너갈 수 있게 됩니다. 그런 후에 여러분은 타는 듯한 광야에 있게 됩니다. 노예 상태에서 벗어나 자유인이 되는 데는 시간이 걸립니다.

이집트 땅에서 노예로서 소유하던 모든 것을 잃고 집도 안식처도 음식도 없이 단지 타는 광야와 하느님만이 남아 있게 되었습니다. 지상은 더 이상 우리에게 먹을 것을 줄 수 없으며, 이 이상 자연의 음식에 의지할 수 없는 우리는 "오늘 저희에게 일용할 양식을 주시고"(마태 6,11)라고 기도하게 됩니다. 우리가 길을 헤맬 때 하느님께서는 음식을 주셨습니다. 그분께서 그렇게 하지 않으셨다면 약속한 땅의 경계선에 도달하기도 전에 우리는 죽었을 것입니다.

오 주님, 우리를 살게 해 주시고, 우리가 저지른 잘못을 뉘우치며 올바른 길로 나아갈 수 있는 시간을 주소서.

'일용할 양식'이란 그리스어로 된 책에서 번역한 말입니다. 그리스어에서 에피우시온epiousion이라고 부르는 양식은 실체를 초월한 빵입니다. 오리게네스와 테르툴리아노에서 시작된 성직자들은 이 구절을 언제나 인간에게 필요한 것일 뿐 아니라 성찬이라는 신비로운 빵으로 설명하고 있습니다. 이런 새로운 방법으로 신비로운 성찬을 먹지 않는다면 우리는 살아남지 못할 것입니다(요한 6,53 참조). 이제 우리는 오로지 하느님께 의존하고 있기 때문입니다.

하느님께서는 그분의 백성에게 만나를 주셨고, 모세의 지팡이로 깨뜨린 바위에서 물을 주셨습니다. 이 두 선물은 그리스도의 형상으로 "사람이 빵만으로 살지 않고, 주님의 입에서 나오는 모든 말씀으로 산다는 것"(신명 8,3)입니다. 이는 그리스도께서 사탄을 물리치실 때 구약에서 상기하셨던 말씀입니다.

이 '말씀'은 단순한 말이 아니라 영원히 울려 퍼져 모든 피조물을 떠받치는 말씀이며, 강생하신 나자렛 예수입니다. 더 나아가서는 만나가 상징하는 그 빵, 우리가 미사에서 받는 빵입니다. 또한 모세가 명한 대로 시내와 강을 이루며 흐른 물이자 사마리아 여인에게 약속하신 물이며, 우리 생명인 그리스도의 피입니다.

 탈출기는 주님의 기도를 잘 보여 줍니다. 산상 수훈도 마찬가지입니다. "행복하여라, 의로움에 주리고 목마른 사람들! 그들은 흡족해질 것이다. 행복하여라, 자비로운 사람들! 그들은 자비를 입을 것이다."(마태 5,6-7)를 보십시오. 여기 첫 번째 구절에는 단순한 육체적 굶주림과 갈증, 모든 소유물의 상실이 나타납니다. 이것들은 타락의 선물이며 우리를 지배하는 이들이 준 지상의 선물이자, 노예의 낙인입니다. 그런데 우리가 주님께 향하는 순간, 이 굶주림과 갈증은 의로운 것으로 바뀌게 됩니다. 물론 두 번째 구절도 정확하게 같은 방식으로 이루어져 있습니다.

 새로운 차원이 사람들에게 다가옵니다. 이는 우리가 기다리고 바라 온 것입니다. 우리에게 '오기로 한 왕국'으로 전례에서 사용되는 기도문에 나오는 차원입니다. 그래서 우리가 바라던 왕국을 주신 하느님께 감사드려야 합니다. 그러나 전례에서는 왕국이 왔지만, 이는 우리가 걷는 광야의 여정보다 앞서 있습니다. 여전히 그곳에 도달할 수 없습니다. 이는 우리 안에 있는 것으로 어떤 태도나 어떤 관계이지 이미 다가온 삶은 아닙니다. 얻어 누릴 수 있는 그런 삶이 아닙니다. 거기에는 과거와 현재에서 비롯된 육체적 굶주림과, 미래와 영적 생활에서 비롯된 영적 굶주림이 있습니다.

"행복하여라, 자비로운 사람들!"(마태 5,7)

이 여정은 외롭지 않습니다. 탈출기에서는 하느님의 전 백성이 하나의 집단으로 나란히 길을 나섰습니다. 주님의 기도와 영적 생활에서 그것은 교회입니다. 인류입니다. 여기에는 우리가 배워야 할 중요한 것이 있습니다. 우리와 함께 여행하는 형제들에 대한 자비입니다. 우리가 다른 이들의 짐을 져 주고 무거운 것을 옮겨 주며 그리스도께서 우리를 받아들이듯 다른 이들을 기꺼이 받아들여야 광야를 건널 방법이 생깁니다. 타는 듯한 더위와 목마름과 굶주림 속에서, 새로운 사람이 되겠다는 노력으로 하는 이 여행 기간은 자비와 상호 간의 사랑의 시기로서, 이렇게 하지 않는다면 아무도 주님의 계명이 선포되는 곳, 계명이 제안하는 그곳에 올 수 없을 것입니다.

의로움과 그것의 실현에 대한 갈증은 더위와 고통 속을 나란히 걸어가는 동료에 대한 자비와 함께 갑니다. 그리고 이 목마름과 굶주림은 이제 단순히 음식이 없다는 것 이상의 의미를 내포하고 있습니다. 유다인들은 시나이산 기슭에 도착했을 때에야 그것을 이해할 수 있게 되고 존재할 수 있게 되었습니다. 길들여진 이들이 하나의 의식, 하나의 목표, 하나의 의도를 지닌 하나의 백성이 되었습니다. 그들은 약속한 땅을 향하여 움직이는 하느님의 백성이었습니다. 어두웠던 그들의 마음은 더 밝아지고 더 순수해졌습니다. 산기슭에서 각자의 힘과 능력에 따라, 하느님의 어떤 면을 보았는지에 따라, 서로 다른 방식으로 그렇게 되었습니다. "행복하여라, 마음이 깨끗한 사람들! 그들은 하느님을 볼 것이다."(마태 5,8)라고 하신 것처럼 말입니다. 이는 타보르산에서 제자들에게 그들이 이해할 수 있는 정도에 따라 거룩하게 변모한 모습을 보여 주셨듯이 이들에게도 제각기 다른 방법으로 나타났습니다.

여기에서 새로운 비극이 일어났습니다. 유다인들이 소명을 배반한 모습을 본 모세는 십계명 판을 깨뜨렸습니다.

다음에 주어진 십계명 판은 모세가 두 번째로 가져온 것으로 첫 번째 것과 매우 달랐습니다. 유다인들은 모세의 얼굴에서 광채를 보고 그에게 가까이 가기를 두려워하였습니다(탈출 34,30 참조). 영광과 광휘 속에 계시된 주님을 감당할 수 없었기 때문입니다. 그들이 받은 것은 그들이 가까이할 수 있었으나 모세가 쓴 것(탈출 34,27 참조)이었습니다. 하느님께서 "당신 손가락으로 쓰신"(탈출 31,18) 신성한 사랑이 계시된 것이 아니었습니다.

율법은 법률이 없는 것과 은총의 중간 노선을 취하고 있습니다. 여기에서는 앙갚음에 대한 세 단계를 찾을 수 있습니다. 창세기에서 라멕은 폭력적입니다. "라멕을 해친 자는 일흔일곱 곱절로 앙갚음을 받는다."(창세 4,24)라고 합니다. 그러다가 시나이산으로 오면, '눈에는 눈, 이에는 이'라는 말을 들을 수 있습니다. 그리고 예수 그리스도에 이르러서는 "일흔일곱 번까지라도 용서해야 한다."(마태 18,22)라는 말을 듣게 됩니다. 이는 공평함과 은총에 대해 인간이 항거하는 정도입니다.

19세기 러시아의 신학자인 알렉세이 호먀코프는 이렇

게 말했습니다. "하느님의 뜻은 악마에게는 저주요, 하느님께 복종하는 이들에게는 율법이며, 하느님의 자녀들에게는 자유다."

이집트 땅에서 약속된 땅으로 가는 점진적인 과정을 살펴볼 때 이는 사실인 듯합니다. 그들은 노예 신분을 벗어나 장래에 하느님의 자녀가 된다는 점을 깨달았습니다. 그러려면 노예의 사고방식에서 벗어나 자녀의 정신과 위치를 얻어야만 했습니다. 이는 서서히 진행되는 길고도 고통스러운 여정이었습니다.

우리는 그들이 하느님의 종으로써 공동체를 건설하는 모습을 봅니다. 서서히 주군이 파라오가 아니라 만군의 주 하느님이심을 인정하고 조건 없이 복종하고 충성해야 함을 깨달은 백성이 되는 모습을 봅니다. 이들은 하느님께 징벌과 상급을 동시에 기대했습니다. 하느님께서 그들이 알던 것을 넘어서서 그들을 최종 소명으로 이끌고 있음을 알았기 때문입니다.

초기 그리스도교 수도자들의 글에서는 "인간은 노예, 고용인, 아들의 세 단계를 거쳐야만 한다."와 같은 생각이 매우 흔하게 나타납니다.

노예는 공포심으로 복종하는 사람이며, 고용인은 보상 때문에 복종하는 사람, 아들은 사랑으로 행동하는 사람입니다. 우리는 탈출기에서 하느님의 백성이 점차 어떻게 노예와 고용인보다 더 높게 되었는지, 율법이 어떻게 약속된 땅의 문턱에 서 있는지 보았습니다. 이 문턱에서 이들은 하느님의 의지와 하느님의 마음을 각자 자신의 능력과 정신적 깊이를 통해 발견하였습니다. 왜냐하면 이 율법은 여러 가지 방법으로 볼 수 있기 때문입니다. 우리가 율법을 한 문장씩 형식적으로 살피면 "너희는 하라. 너희는 하지 마라."라는 일련의 명령으로 보입니다. 이런 점에서 율법은 구약 성경의 사고방식에 따른 법입니다. 그러나 이와 달리 신약 성경의 시선으로, 우리 인간의 소명이라는 시선으로 보면 탈출기 이후 시간이 지나면서 율법의 수가 증가했지만, 이러한 다양한 계명과 명령들은 결국 두 개의 계명으로 합쳐집니다. 바로 하느님에 대한 사랑과 인간에 대한 사랑입니다.

십계명 중 처음 넷은 구체적으로 표현된 하느님에 대한

사랑이며, 다른 여섯은 인간에 대한 사랑이 담겨 있습니다. 이것들은 구체적이고 실질적이며, 실천 가능한 것입니다. 이 율법은 하느님의 자녀가 되어 가는 도중에 있는 이들을 위한 훈련이자 규정입니다. 그러나 동시에 이미 신약의 법이기도 합니다.

인간과 인간 사이의 문제, 인간과 하느님 사이의 문제는 성스러운 평화, 다시 말해서 주님의 이름하에 평화를 이룩하는 것이어야 합니다. 이는 좀 더 구체적인 여건, 즉 공통된 자녀관, 공통된 하느님, 우리의 인간적 유대, 좀 더 밀접한 교회의 유대성에 기초를 두어야 하며, 서로의 이끌림이나 동정에 기초를 두어서는 안 됩니다. 하느님과 인간의 사랑은 무엇보다도 올바른 관계, 주님과 인간과 자기 자신과 올바른 관계를 확립해야 합니다.

우리는 이미 광야에서 살아가기 위한 절대적 전제 조건이 상호 용서임을 보았습니다. 이제 또 다른 조치를 취해야 합니다. 탈출기에서는 하느님의 생각과 뜻을 나타내는 명령을 발견하지만 주님의 기도에서는 "아버지의 뜻이…… 이루어지소서."라는 말을 발견하게 됩니다. "아버지의 뜻이…… 이루어지소서."라는 말은 흔히 우리가 받아들이듯이 하느님의 뜻을 따르겠다는 준비가 아니라 광야를 거쳐서 약속된 땅으로 들어가 주님의 뜻을 하늘에서와 같이 땅에서도 펼치겠다는 이들의 적극적인 태도입니다.

바오로 사도는 "우리는 하늘의 시민입니다."(필립 3,20)라고 말합니다. 이 말은 우리 고향이 하늘이며 우리는 하느님을 위해 조금이라도 지상을 정복하려는 사람들, 지상에 아주 작은 지점이라도 하느님의 왕국을 가져오려는 사람들임을 의미합니다. 이때의 정복은 특별한 형태의 정복입니다. 사람들을 평화의 왕국으로 인도하여, 평화의 왕에게 복종하게 하며, 우리가 하느님의 왕국이라 부르는 조화 속으로 들어가게 하는 것입니다. 이 정복은 평화를 이룹니다. 우리를 늑대 사이에서 양으로 만들며, 씨 뿌리는 사람에게 뿌려져서 열매 맺기 위해 죽어야 하고, 다른 사람을 먹여 살리기 위해 죽어야 하는 그런 씨앗으로 만듭니다.

"아버지의 뜻이…… 이루어지소서."라는 말은 자녀라는 우리 상황에서 볼 때, 탈출기 처음에 모세가 그의 백성을 자유로 이끌 당시 보았던 복종과는 전혀 다릅니다. 이제 그들도 우리도 그리스도의 마음을 가지고 있으며, 주님의 뜻을 알고 더 이상 종이 아니라 친구가 되었습니다(요한 15,15 참조). 그것은 막연한 선의善意의 관계를 의미하는 것이 아니라 우리를 묶는 극도로 깊은 무엇을 의미합니다.

이것이 우리가 약속의 땅에 들어가는 상황입니다. 이때 우리는 새로운 방식으로 "아버지의 뜻이…… 이루어지소서."라고 말하게 됩니다. 이방인의 마음으로 말하는 것이 아니며, 우리를 꺾을 수 있는 강한 의지 때문에 말하는 것도 아닙니다. 그 뜻과 완전히 조화롭게 되어서 하는 말입니다.

그리고 이 순간에 우리는 하느님의 자녀가 되는 데, 한 몸의 지체가 되는 데 필요한 모든 것을 받아들여야만 합니다. 그분께서 이 세상을 구원하기 위해 내려오셨던 것처럼 우리도 이 목적을 위해 선택되었으며, 우리 주위에 평화를 가져오고, 왕국을 세우기 위해서 우리의 목숨을 대가로 바쳐야 할지도 모릅니다.

이집트 땅에서, 혹은 타는 듯한 광야에서 감지感知되었던 만왕이신 하느님과 새롭게 약속된 땅의 하느님 사이에는 차이가 있습니다.

첫째, 그분의 의지는 어떻든지 간에 승리하고 이에 대항하는 것은 무엇이든 무너질 것입니다. 이때의 복종은 예속을 의미합니다.

둘째, 점차 훈련을 통해 이 왕은 종으로 만들려는 이도 노예 관리자도 아니라 선의의 왕이며, 그분께 복종하는 것이 모든 것을 변화시킨다는 점을 깨닫게 됩니다. 우리는 그분의 신민일 뿐 아니라 그분의 백성이며 그분의 군대가 될 수 있습니다.

마지막으로 바실리오 성인이 "모든 통치자는 통치를 할 수 있고, 임금만이 그의 신하를 위해 죽을 수 있다."라는 말에서 나타내는 임금을 발견하게 됩니다. 여기에서는 임금과 그의 백성, 즉 그의 왕국이 하나가 됩니다. 왕국에서 일어나는 일은 무엇이든 임금에게 일어나는 일입니다. 이렇게 하나 되는 것 외에도 임금은 그의 백성을 대신하는 사랑의 행동을 합니다. 인간이 되어 강생하신 것입니다. 그분은 인류의 역사적 운명 속에 들어와서 전 우주의 고작 일부분이 되는 육신을 입고 인간의 타락에 의한 비극을 맛

보셨습니다. 그분은 인간 상태 가장 내밀한 곳, 즉 심판과 죄악의 정죄와 죽음, 하느님을 잃고 죽는 경험까지 하십니다. 우리가 이 청원에서 말하는 왕국은 이러한 왕의 나라입니다. 만약 우리가 그분과 그 왕국의 모든 영과 하나 되지 않고 왕국에 대한 생각을 갖고 있지 않으며, 새로운 방법으로 이해하려 하지도 않는다면, 우리는 하느님의 자녀라고 불릴 수도 "아버지의 나라가 오시며"라고 말할 수도 없습니다.

한편 우리가 깨달아야 할 것은 우리가 청하는 왕국이 산상 수훈의 마지막 구절에 언급된 왕국이라는 것입니다. "행복하여라, 의로움 때문에 박해를 받는 사람들! 하늘나라가 그들의 것이다. 사람들이 나 때문에 너희를 모욕하고 박해하며, 너희를 거슬러 거짓으로 온갖 사악한 말을 하면, 너희는 행복하다!"(마태 5,10-11)

왕국이 온다면, 우리는 산상 수훈에서 말하는 대가를 치러야 합니다. 우리가 말하는 왕국은 사랑의 왕국이며, 피상적으로 보기에는 그 왕국에 들어가는 것이 아주 좋아 보입니다. 그러나 그렇지 않습니다. 사랑은 비극적 측면을 갖기 때문입니다. 그것은 우리 각자의 죽음, 이기적이고 자기중심적인 우리의 완전한 죽음을 의미하며 꽃이 시드는 것처럼 죽는 것이 아니라 잔인한 죽음, 십자가 위에서 맞이하는 죽음을 의미합니다.

왕국이라는 상황에서만 하느님의 이름은 거룩히 여김을 받으시고 우리에게서 영광을 받으실 수 있습니다. 하느님의 이름에 영광을 돌리는 것은 언어나 몸짓, 심지어 전례가 아니라 왕국이기 때문입니다. 거기에는 우리를 창조하시고 구원하신 분의 광휘와 영광이 있습니다. 그리고 그 이름은 사랑, 바로 삼위일체의 하느님이십니다.

우리가 지금 보았듯이 주님의 기도는 완전히 보편적인 가치와 중요성을 가지고 있습니다. 비록 역순이긴 하나 죄의 포로 상태에서 하느님 안에 있는 충만한 삶으로 모든 영혼의 상승을 표현하고 있습니다. 그러므로 이는 단순한 기도가 아니라 그리스도인들의 기도입니다. '우리 아버지'라는 첫 번째 구절은 특히나 그리스도인다운 말입니다.

마태오 복음서 11장 27절에서 주님께서는 "아버지 외에는 아무도 아들을 알지 못한다. 또 아들 외에는, 그리고 그가 아버지를 드러내 보여 주려는 사람 외에는 아무도 아버지를 알지 못한다."라고 말씀하셨습니다. 대략적으로 하느님을 우리 아버지로 아는 길은 그리스도인뿐 아니라 많은 사람들에게 주어진 것이지만 그리스도께서 우리에게 나타내신 방법으로 그분을 우리 아버지로 아는 것은 그리스도 안에 있는 사람에게만 주어진 것입니다. 성경의 계시 외에 하느님께서는 만물의 창조주로 우리에게 나타나십니다. 세심하고 경건한 삶은 이 창조주께서 자비롭고 사랑으로 충만하며 지혜롭다는 것을 우리에게 가르쳐 줍니다. 그리고 우리는 만물의 창조주를 아버지라고 말합니다. 그분은 아버지가 자녀들을 대하는 것처럼 우리를 대하시기 때문입니다.

그리스도의 계시 이전에도 우리는 성경에서, 엄밀히 말해 이교도였지만, 자녀와 아버지라는 의미로 하느님을 알았던 사람을 발견할 수 있습니다. 그는 바로 욥입니다. 그를 이교도라고 한 이유는 그가 아브라함의 자손도 아니고, 아브라함에게 약속된 상속자도 아니었기 때문입니다.

그는 하느님께 항거하였기에 구약에서 가장 주목할 만

한 사람입니다. 그와 함께 논쟁하던 세 사람은 하느님을 주인으로 알고, 주님께서 욥에게 하신 것은 무엇이나 당연하다고 여겼습니다. 주님께서는 만물의 주인이시기에 무엇을 하든지 의로우십니다. 그런데 욥은 하느님을 다르게 알고 있었기에 이것을 바로 받아들일 수 없었습니다. 그는 자신이 겪은 영적 경험을 통해 하느님이 단순한 지배자가 아니라 그것을 넘어서는 분이심을 이미 알고 있었습니다. 그러나 하느님을 그분께서 바라는 것은 무엇이든 할 수 있고, 할 권리가 있는 전능한 분으로, 제멋대로 권력을 휘두르는 지배자로 받아들일 수 없었습니다. 주님께서 자신에 대해 아무 말씀도 하지 않으셨기에 이 모든 것은 희망이며 예언적 환상일 뿐이었습니다. 그분께서는 그에게 아버지로 계시해 주시지 않았습니다.

주님께서 욥에게 나타나셔서 그의 질문에 답하실 때에, 이교도에게 계시하는 용어로 말씀하시지 않았습니다. 시편에 "하늘은 하느님의 영광을 이야기하고 창공은 그분 손의 솜씨를 알리네."(시편 19,2)라고 나오듯이 말입니다. 욥은 바오로 사도가 말한 것처럼 예레미야서를 반복하여 읽었기 때문에 이를 이해하였습니다. "그들의 마음에 그 법을 새겨 주겠다."(예레 31,33)라는 말씀 말입니다. 하느님께서는 창조된 세계를 모두 보여 주시며 그를 설득하셨습니다. 그리고 나서 욥이 명백하게 그릇되었다는 것이 밝혀졌음에도, 자신을 반대하는 이들보다, 그리고 하느님을 지상의 지배자로 여기는 이들보다 그가 더 올바르다고 말씀하셨습니다. 비록 거룩한 아버지에 대한 진정한 지식은 부족했지만, 그는 그의 형제들이 하느님에 대해 아는 것보다 더 많이 알았습니다.

구약 성경의 욥에게서 우리는 하느님이시며 동시에 인간이신 분을 통해 인류의 구원이 이루어질 것이며, 하느님이 우리 아버지이심에 대한 예언적 환상이 처음으로 나타나는 것을 볼 수 있습니다. 욥이 주님을 원망하며 "우리 둘 위에 손을 얹을 심판자가 우리 사이에는 없다네."(욥기 9,33)라고 말할 때 우리는 그가 동시대 사람들의 이해력을 넘어섰음을 깨닫습니다. 그러나 주님께서 그리스도를 통해 말씀하시지 않았기 때문에 아직 그에게는 자신의 믿음과 지식을 확언할 근거가 없었습니다.

아들의 신비와 아버지의 신비는 서로 관계가 있습니다. 아들을 알지 못하면 아버지를 알 수 없으며, 아버지를 알지 못하면 아들을 알 수 없습니다. 그 외에는 어떤 지식도 얻을 수 없기 때문입니다.

하느님과 우리의 관계는 믿는다는 행위에 기반을 두고 있으며 하느님의 응답으로 보충되어 이 믿음의 행위가 결실을 맺게 됩니다. 우리가 그리스도의 지체가 되는 길은 믿음의 행위가 세례를 통해 성취되어야 합니다. 오직 하느님께 부르심을 받고 새롭게 된 자들만이 아는 방법으로만 그리스도의 탄생에 참여할 수 있습니다. 이렇게 그리스도의 지체가 되어야만 하느님의 자녀가 될 수 있습니다. 우리는 하느님의 부성이 우리에게 따뜻함과 애정을 주는 이상이라는 점을 잊지 말아야 합니다. 이는 더 현실적이고 더 진실한 것입니다. 하느님께서는 그리스도 안에서 그리스도의 지체가 된 이들의 아버지가 되십니다. 그러나 느슨한 감상으로 그리스도와 연결되려면 그 어떤 종류의 것으로도 불가능합니다. 거기에는 처음 예상한 것보다 훨씬 더 많은 세월과 대가가 따르는 수덕적인 노력이 필요합니다.

그리스도와 하나가 된다는 사실은, 그리스도에게 적용된 것이 우리에게도 적용된다는 것과 세상의 다른 사람들이 알지 못하는 방식으로 하느님을 아버지라고 부를 수 있음을 의미합니다. 더 이상 비유적으로, 기다림이나 예언으로 부르지 않고 그리스도를 통해 그렇게 부를 수 있습니다. 이를 주님의 기도가 직접적으로 가르쳐 줍니다. 그 기도는 하느님을 향해 올라가는 사다리이기에 보편적입니다. 다른 한편으로 이 기도는 절대적으로 특별하고 배타적입니다. 그리스도 안에서 영원하신 아버지의 자녀이며 그분께 자신이 자녀라고 말하는 이들이 바치는 기도이기 때문입니다.

이 기도를 보편적 의미로 생각할 때, 상승의 관점에서 이를 연구하고 분석해야 더 안전할 것입니다. 그러나 그것은 그리스도께서 자신 안에서, 자신과 함께 하느님의 자녀가 된 이들에게 주셨던 방법은 아닙니다. 그렇게 하면 더 이상 상승이 아니라 상황이자 상태가 언급됩니다. 우리는 교회 안에서 하느님의 자녀들이며, "우리 아버지"라는 말은 이 사실을 확정해 주고 우리가 있어야 할 자리에 서게

해 줍니다. 우리가 이 부르심에 합당하지 않다고 말하는 것은 좋지 않습니다. 우리는 이를 받아들였고, 이제 우리 것입니다.

우리는 방탕한 자녀일지도 모르지만 그 어느 것도 우리를 예전으로 되돌리지 못합니다. 방탕한 아들이 그의 아버지에게 돌아와서 "저는 아버지의 아들이라고 불릴 자격이 없습니다. 저를 아버지의 품팔이꾼 가운데 하나로 삼아 주십시오."(루카 15,19)라고 말하려 했을 때 아버지는 그의 말을 가로막았습니다. 자격이 없는 것은 사실이지만, 그럼에도 불구하고 그는 아버지의 자녀입니다.

여러분이 합당하든 그렇지 않든 무엇을 하든지 가족의 일원에서 벗어날 수 없습니다. 우리가 무엇이든, 우리의 인생이 어떻든 하느님의 자녀라 불리거나 하느님을 아버지라고 부르기에 합당하지 않다고 여겨진다 하더라도 우리는 피할 수 없습니다. 그곳이 우리가 있는 곳이기 때문입니다. 그분은 우리 아버지이시며, 우리는 그분의 자녀라는 관계에 책임을 져야 합니다. 우리는 그분에 의하여 그분의 자녀로 창조되었습니다. 그러므로 우리가 방탕한 아들이 되려면 타고난 권리를 거절해야만 이렇게 될 수 있습니다. 방탕한 아들이 돌아오지 않고 낯선 땅에 머무르며 결혼했다고 생각해 보십시오. 이 결혼으로 태어난 아이도 방탕한 아들의 아버지와 근본적으로 관계를 맺고 있습니다. 만약 그가 그의 아버지의 나라에 되돌아갔다면 가족의 일원으로 받아들여졌을 것입니다. 그가 돌아오지 않았다면 그는 그의 아버지가 있는 가족에게로 되돌아오지 않고 낯선 곳에 머무르는 데 책임을 져야 할 것입니다.

수 세대에 걸친 아이들이 아버지의 가족으로 돌아오는 것이 세례성사입니다. 그리고 우리는 질병을 갖고 태어난 어린아이를 치료하는 것과 같은 마음으로 아이들에게 세례를 베풉니다. 만약 후에 그가 불완전함을 갖고 있는 것이, 사회에 도움이 되지 않는 것이, 사회적 의무의 부담에서 벗어나는 것이 더 편했을지 모른다고 잘못 생각하게 된다면, 이는 또 다른 문제입니다. 교회가 어린아이에게 주는 세례는 진정한 책임감을 가진 어린이로 만들기 위한 치료 행위입니다.

세례를 거절하면 치료를 받아들이지 않는 것입니다. 세

례를 통해 우리는 건강하게 될 뿐 아니라 근본적으로 그리스도 몸의 지체가 됩니다.

    이런 점에서 하느님을 '우리 아버지'라고 부른다면 우리는 산꼭대기인 시온에 이른 것입니다. 그 산꼭대기에서 아버지와 거룩한 사랑, 삼위일체의 계시를 발견할 것입니다. 그곳이 시온이 아니라면 환상 속에 역사와 영원이 뒤섞여 있는 골고타라고 부르는 작은 언덕일지 모릅니다. 이곳에서 우리는 돌아서서 뒤를 볼 수 있습니다. 이곳은 우리가 하느님을 향해 올라가고, 그리스도인으로서 삶을 시작해야 하는 장소입니다. 그리고 여기서 우리는 주님께서 이르신 대로 자녀의 기도로, 교회의 기도로, 모든 사람과 함께하는 우리 각자의 기도로, 성자 안에 있는 한 자녀로서 주님의 기도를 바쳐야 합니다. 그리고 그제야 우리는 아직도 노상에 있고 여정을 시작하지 않은 사람을 만나러 한 걸음 한 걸음씩 산꼭대기에서 내려올 수 있습니다.

제3장

바르티매오의 기도

Chapter 3
The Prayer of Bartimaeus

마르코 복음서 10장 46절부터 기록되어 있는 바르티매오의 예는 우리에게 기도에 관한 몇 가지 점을 알려 줍니다.

예수님께서 제자들과 예리코에 들렀다가 많은 군중과 함께 그곳을 떠나실 때의 일이었습니다. 티매오의 아들 바르티매오라는 눈먼 거지가 길가에 앉아 있다가 "나자렛 사람 예수다!" 하는 소리를 듣고 "다윗의 자손 예수님, 저에게 자비를 베풀어 주십시오." 하고 소리쳤습니다. 많은 이가 조용히 하라고 꾸짖었으나 그는 더욱 큰 소리로 "다윗의 자손이시여, 저에게 자비를 베풀어 주십시오." 하고 외쳤습니다. 예수님께서 걸음을 멈추시고 "그를 불러오너라." 하고 이르셨습니다. 그래서 사람들이 그를 부르며 "용기를 내어 일어나게. 예수님께서 당신을 부르시네." 하고 말하였습니다.

그 말을 들은 그는 겉옷을 벗어 던지고 벌떡 일어나 예수님께 갔습니다. 예수님께서 "내가 너에게 무엇을 해 주기를 바라느냐?" 하고 물으시자, 그 눈먼 이가 "스승님, 제가 다시 볼 수 있게 해 주십시오." 하고 대답하였습니다. 예수님께서 "가거라. 네 믿음이 너를 구원하였다." 하고 이르시니, 그가 곧 다시 보게 되었습니다. 그리고 그는 예수님을 따라 길을 나섰습니다.

이 사람, 바르티매오는 젊은 사람은 아니었습니다. 수년을 예리코 문 앞에 앉아서 그곳을 지나는 자비로운 사람이나 무관심한 부호가 던져 주는 돈으로 생계를 유지했습니다. 그는 살아오는 동안 병을 고칠 모든 방법을 다 찾아보았습니다. 아이였을 때에는 부모 손에 이끌려 성전에 가서 기도하고 희생 예물을 바쳤습니다. 자라면서 그는 병을 고칠 사람들을 이리저리 찾아 다녔습니다. 시력을 회복하기 위해 끊임없이 싸웠으며 번번이 실망했습니다. 온갖 방법은 다 찾아보았지만 여전히, 앞을 볼 수 없었습니다.

바르티매오는 젊은 예언자가 갈릴래아에 나타났다는 말을 들었습니다. 그 예언자는 사람들을 사랑하는 자비로운 사람이며, 성스러운 주님의 사랑으로 병을 고치기도 하고 기적을 행하기도 한다고 소문이 났습니다. 그는 할 수만 있다면 그분을 만나러 가야겠다고 생각했습니다. 그러나 그리스도께서 이곳저곳을 다니시기 때문에 눈이 보이지 않는 그가 그분께 갈 수 있는 기회란 좀처럼 없었습니다. 절망감은 점점 더 깊어져 갔습니다. 그럼에도 희망의 불꽃을 안고 예리코 문 앞에 앉아 있었습니다.

어느 날 군중이 그곳을 지나갔습니다. 사람들이 평소보다 훨씬 많아서 시끄러웠습니다. 그는 그 소리를 듣고 누가 왔냐고 물었습니다. 이때 누군가 그에게 '나자렛 사람 예수'라고 일러 주었습니다. 그는 그 말을 듣자마자 소리치기 시작했습니다. 영혼 속에 남아 있던 희망의 불꽃이 전부 살아나서 갑자기 훨훨 타는 희망의 불이 되었습니다. 그동안 전혀 만날 수 없었던 예수님께서 지금 그 앞을 지나가고 계셨습니다. 그분은 한 걸음 한 걸음 자신에게 가까워졌으나 그다음에는 한 걸음 한 걸음 자신에게서 멀어져 갔습니다. 그는 그 희망을 꼭 붙잡아야 했습니다. 그래서 "다윗의 자손 예수님, 저에게 자비를 베풀어 주십시오." 하고 소리쳤습니다. 그 외침은 그가 지닌 믿음을 가장 완벽하게 고백한 것입니다.

그는 그분이 다윗의 자손인 메시아이심을 알아차렸습니다. 제자들조차 아직 몰랐던 때였으니 그분을 보고 하느님의 아들이라고 부를 수는 없었지만 자신이 기다리던 사람임은 확실했습니다.

그때 우리 삶에서 항상 일어나듯 사람들이 그에게 가만히 있으라고 합니다. 나름대로 몇 년간이나 애쓰고 노력하다가 주님께 큰 소리로 외칠 때가 있습니다. 그러면 내면에서뿐만 아니라 외부에서도 우리보고 조용히 하라고 합니다. 그게 기도할 가치가 있는 문제인가? 몇 년이나 노력했는데 그동안 하느님이 돌봐 주시기라도 했는가? 기도가 도대체 무슨 소용이 있단 말인가? 그 목소리는 우리에게 절망적인 상태로 돌아가 맹인으로 남으라고 합니다. 영원히 맹인으로 살라고 합니다. 그러나 반대가 많으면 많을수록 구원이 가까이 있다는 증거입니다.

악마는 구원이 가까워졌을 때 가장 격렬하게 우리를 공격합니다. 그래서 우리는 구원에 가까이 다가가 최후의 순간에 포기하곤 합니다. 악마는 양보하라고, 서두르라고, 너무 과하다고, 감당할 수 없다고, 기다리지 말라고, 더 이상 참을 수 없다고 말합니다. 그리하여 우리는 육체적으로, 도덕적으로, 영적으로 스스로를 망치고 맙니다. 도움을 받기 직전에, 곧 구원받게 될 순간에 싸움을 멈추고 죽음을 받아들입니다.

우리는 이러한 목소리에 결코 귀를 기울여서는 안 됩니다. 그들이 크게 소리칠수록 더욱 강하게 결심해야 합니다. 바르티매오가 한 것처럼 가능한 한 크게, 오랫동안 외칠 준비가 되어 있어야 합니다. 예수 그리스도께서 그냥 지나가 버리고 계십니다. 마지막 희망이 사라져 가고 있습니다. 그리스도를 둘러싸고 있는 사람들은 그에게 관심이 없거나 그를 막으려 했습니다. 그의 고통과 슬픔에는 신경도 쓰지 않았습니다.

바르티매오만큼 그리스도를 필요로 하지 않았으면서도 그분을 에워싸고 있던 이들은 그분이 자기들에게만 신경을 쓰길 원했습니다. 절망에 빠져 있는 맹인 때문에 그들이 방해받아야 할 이유는 없었습니다. 그러나 바르티매오는 이 마지막 기회가 사라진다면 희망이 없음을 알고 있었습니다. 이 절망의 깊이가 믿음이 샘솟는 샘이자 모든 장벽을 뚫고 나오는 믿음과 확신으로 가득 찬 기도가 되었습니다. 요한 글리마코 성인이 말했듯이 천국의 문을 두드리는 기도가 된 것입니다. 절망이 너무 깊었기에 그는 잠자코 있으라는 소리도 듣지 못했습니다. 그리스도께 다다르지 못하게 사람들이 막으면 막을수록 그는 더욱 큰 소리로 "다윗의 자손 예수님, 저에게 자비를 베풀어 주십시오." 하고 소리쳤습니다. 그러자 예수님께서는 멈추어 서서 그를 앞으로 나오게 하시고는 기적을 행하셨습니다.

우리는 바르티매오를 통해 실제 기도할 때 어떻게 해야 하는지를 배웁니다. 온 마음을 다해서 하느님께로 향할 때 하느님께서는 언제나 우리의 말을 들어주십니다. 주변에서 믿을 만한 그 어떤 것에도 의존할 수 없음을 이미 깨달았을 때에도 대체로 우리는 이것들을 단념하지 못합니다. 우리는 인간의 힘으로, 지상적인 방법으로는 어떠한 희망도 없음을 깨닫곤 합니다. 무언가를 목표로 삼고, 그것을 얻는 방법을 구하다가 끊임없이 좌절하곤 합니다. 이것은 고통이자 희망의 상실입니다. 우리가 여기서 그만둔다면 패배하게 됩니다. 그러나 만약 그 순간에 주님만이 유일하게 남아 있음을 알고 하느님께 돌아서서 "나는 당신을 믿으며 당신 손에 내 영혼과 육신, 모든 삶을 맡기겠습니다."라고 말한다면 절망은 우리를 믿음으로 인도합니다.

절망은 더 깊이, 더 멀리 갈 수 있는 용기를 가질 때 영적인 삶에 도움을 줍니다. 우리는 무엇에 절망하고 있는지 깨달아야 합니다. 최종적인 승리가 아니라 우리가 그곳에 도달하기 위한 수단에 절망하고 있음을 깨달아야 합니다. 이때 우리는 아주 새로운 방법으로 맨 밑바닥에서 시작할 수 있습니다. 하느님께서는 이미 우리가 시도해 본 방법 가운데 하나로 우리를 다시 데려오실지 모르지만 그분께서 하시고자 할 때에는 그 방법이 성공할 것입니다. 하느님과 인간 사이에는 언제나 진정한 협력이 있어야 합니다. 그러면 하느님께서는 올바른 일을 하고 정당한 목표를 달성하는 데 필요한 지식, 지혜, 힘을 주실 것입니다.

제4장

묵상과 기도

Chapter 4
Meditation and Worship

흔히 묵상과 기도를 혼동하곤 하지만 묵상이 기도로 발전하게 되면 이와 같은 혼동은 크게 위험하지 않습니다. 묵상이란 본래 생각하는 것을 의미합니다. 하느님을 생각하는 경우도 마찬가지입니다. 그 결과 점차 숭배와 찬미의 감정으로 깊이 들어가게 되며, 주님의 존재가 아주 강력해져서 우리가 하느님과 함께 있음을 알게 됩니다. 점점 묵상에서 벗어나 기도를 하게 되면 이는 올바른 것입니다. 그러나 그 반대는 결코 허용되지 않습니다. 이런 점에서 묵상과 기도 사이에는 뚜렷한 차이가 있습니다.

평상시 우리가 하는 무계획적인 사고와 묵상이 다른 부분은 바로 일관성입니다. 묵상하기 위해서는 맑은 정신을 유지하기 위한 수덕적인 연습이 필요합니다. 은둔자 테오파네스는 사람들이 평상시에 하는 생각에 대해 이야기하면서 "생각은 모든 방향으로 단조롭게 순서도, 특별한 결과도 없이 모기떼처럼 머릿속에서 분주히 돌아다닌다."라고 말했습니다.

어떤 주제로 생각하든 처음에는 한 가지 생각을 쭉 진행시켜야 합니다. 하느님, 신성한 것, 영적인 삶, 어떤 것을 생각하든 부수적인 생각이 떠오릅니다. 수많은 가능성과 흥미와 풍요로 가득한 많은 것들이 머릿속을 떠돌아다닙니다. 그러나 선택한 주제를 제외하고는 모두 포기해야 합니다. 이것만이 우리의 생각이 똑바로 깊이 나아갈 유일한 방법입니다.

묵상은 학문적인 훈련, 즉 단순히 지적인 수행이나 더 이상의 결과가 없는 아름다운 사고를 하고자 하는 게 아닙니다. 하느님의 인도 아래 하느님께 향하는 올곧은 사고를 하고 어떻게 살아야 하는지 결론을 이끌어 내도록 하기 위한 것입니다. 결과적으로 우리가 복음서에 따라 더욱 명백하고 구체적으로 살아야 유용하다는 것을 처음부터 깨달아야 묵상의 효과를 높일 수 있습니다.

사람들은 모두 어떤 문제에는 둔감하고 어떤 문제에는 민감합니다. 그러므로 아직 생각하는 데 익숙하지 못할 때에는 매력적이라고 생각하는 말, '내면에서 우리 마음을 불태우는 것'을 택해서 시작하는 것이 좋습니다. 아니면 받아들일 수 없으며, 반대하는 마음이 드는 그런 말 가운데 우리에게 생생하게 다가오는 것을 택해서 시작해도 좋습니다. 이 두 가지 말은 복음서에서 찾아볼 수 있습니다.

우리가 성경의 한 구절, 가르침(아니면 계명), 그리스도 생애의 한 사건, 그 무엇을 택할지라도 우선 그것의 실질적 내용이 무엇인지 헤아려야 합니다. 이는 아주 중요합니다. 그 이유는 묵상이 환상적인 건축물을 세우는 것이 아니라 진리를 이해하는 데 목적이 있기 때문입니다. 진리는 거기에 있으며, 주어진 것이고, 하느님의 것입니다. 묵상은 부족한 이해와 계시된 진리 사이에 다리가 되기 위한 것입니다. 이는 우리의 지성을 길러 주고 바오로 사도가 말했듯이 "주님의 마음"(1코린 2,16)을 점차 알게 해 주는 방법입니다.

문맥의 의미를 이해하기는 말처럼 쉬운 일이 아닙니다. 아주 쉬운 구절이 있는가 하면 이 단어에 대한 전통적인 이해나 우리의 경험을 배경으로 해야만 알아들을 수 있는 말들이 사용된 구절도 있기 때문입니다. 예를 들어서 '어린양의 신부'라는 구절은 '어린양'이라는 단어의 의미를 알아야만 이해할 수 있습니다. 그렇지 않으면 이는 완전히 무의미해지고 잘못 이해하게 됩니다.

한편으로는 우리가 이미 알고 있는 특정한 의미나 전문적인 의미를 무시해야 이해할 수 있는 말도 있습니다. 그런 단어 중 하나가 '영spirit'이라는 말입니다. 그리스도인에게 '영'은 일반적인 용어가 아닙니다. 삼위일체 중 제삼위인 성령이거나 인간의 몸을 이루는 육신과 대비되는 영혼을 가리킵니다. 그러나 우리는 복음사가들이 전하고자 하는 바를 동일한 단순성과 폭으로 전달받지 못하곤 합니다. 너무 전문적인 말이 되어 그 근본과 유대를 잃어버렸기 때문입니다. 말씀과 그 말씀이 뜻하는 바를 확실히 하기 위해 사전을 찾아보길 바랍니다. 영이라는 말은 신학자들이 노력한 결과 더 깊은 의미로 발전했지만 사전에서 찾으면 간단하고 구체적으로 볼 수 있습니다. 그리스도께서 그분을 둘러싸고 있는 사람들과 말씀하시던 당시, 모든 사람이 이해했던 단순하고 구체적인 의미를 알기 전에는 더 깊은 의미를 살피며 시작해서는 안 됩니다.

교회의 가르침이 있어야만 이해할 수 있는 것들도 있습니다. 교회는 변하지 않았기 때문에 교회의 생각, 그리스도의 마음으로 성경을 이해해야 합니다. 우리는 1세기에 살던 사람들과 똑같은 내적 경험을 하며 살고 있습니다. 바오로, 베드로, 바실리오 혹은 교회 안의 다른 사람들이 한 말이 지금까지 계속 의미가 있는 이유입니다. 따라서 우리 시대의 언어로 먼저 이해를 하고 난 후에 교회에서 그 말이 어떻게 이해되는지 돌아보아야 합니다. 그제야 비로소 주어진 문맥의 의미를 탐지하고, 생각을 시작해서 결론을 이끌어 낼 수 있습니다. 일단 우리가 문맥의 의미를 이해하면, 단순한 마음으로 그 말이 우리에게 무엇을 요구하는지, 직접적으로 지시하는 바가 무엇인지 살펴야 합니다. 묵상을 하거나 성경을 이해하려는 목적은 주님의 뜻을 수행하는 것이므로 실천할 수 있는 결론을 끄집어내어 그에 따라 행동해야 합니다.

주님께서 말씀하신 문장 속에서, 그분의 의도를 파악했을 때 우리는 문제가 무엇인지 살피고 무엇을 할지 찾아야 합니다. 좋은 생각이 떠올랐을 때 하듯이 말입니다. 이것이 옳다거나 저것이 옳다고 깨달았을 때 어떻게 삶으로 가져올지 즉시 생각해 봐야 합니다. 이 말씀을 어떤 경우에 따를지, 어떤 방법으로 삶에 적용할지 고민해야 합니다. 그렇게 하고 나서 친구들에게 그에 관해 열정적으로 이야기하는 것만으로 그쳐서는 안 됩니다. 우리는 그것을 행동으로 옮겨야 합니다. 예를 들어 바오로 심플렉스 성인은 사막의 안토니오 성인이 읽은 시편 첫 구절 "행복하여라! 악인들의 뜻에 따라 걷지 않고"(시편 1,1)를 듣고 광야로 떠났습니다. 그 후 30년 뒤에 안토니오 성인과 다시 만났을 때 그는 겸손하게 말했습니다. "저는 그동안 악인들의 뜻에 따라 걷지 않는 사람이 되려고 시간을 보냈습니다." 우리는 완벽한 사람이 되기 위해 많은 것을 이해할 필요가 없습니다. 그저 새 사람이 어떠한 사람인지 이해하고 그렇게 되려고 시도할 30년이라는 시간이 필요할 뿐입니다.

흔히 우리는 한두 가지 점을 고려하고는 다른 생각으로 건너뛰곤 합니다. 하지만 이는 잘못된 방법입니다. 우리가 보아 왔듯이 생각을 다시 시작하려면 오랜 시간이 걸리기 때문입니다. 교부들은 주의 깊은 사람이라고 불립니다. 그들은 하나의 생각에 매우 오래 집중할 수 있기에 어떤 생각도 잃어버리지 않는 사람들입니다.

과거나 현재의 영성 작가들은 우리에게 다음과 같이 말합니다. 지성과 감성을 다하여 말씀을 가지고 몇 날 며칠이고 묵상해 보라고 말입니다. 이렇게 말씀을 주의 깊게, 반복하여 읽다 보면 새로운 태도를 갖게 될 것입니다. 말씀을 살펴보고, 우리에게 하신 하느님의 말씀을 숙고하여, 그 말씀에 완전히 익숙해지고 스며들어 점차 우리가 이 말씀과 완전히 하나가 되는 것이 바로 묵상입니다. 이러한 과정에서 특별한 지적인 풍요를 발견하지 못했다고 생각할지 모르지만 이미 우리는 변하고 있습니다.

우리에게는 생각할 시간이 많습니다. 일상에서는 아무것도 하지 않고 기다려야만 하는 경우가 많습니다. 훈련을 받는다면 이러한 때 빠르게 집중할 수 있습니다. 한 가지 생각만 하고 그 외의 다른 것을 버릴 때 가능합니다. 처음에는 이질적인 생각이 끼어들어 방해하겠지만 우리가 끊임없이 이를 밀어 내면 결국 평화가 찾아옵니다. 훈련과 연습과 습관을 통해 깊고 빠르게 정신을 집중하게 되어야만 무엇을 하든 간에 삶에 집중하며 살아갈 수 있습니다. 그러나 이질적인 생각을 갖고 있음을 깨닫기 위해서는 어느 정도 차분해야만 합니다.

우리는 사람들에게 둘러싸여 있지만 완전히 혼자일 수 있습니다. 거기서 무슨 일이 일어나든 그에 영향을 받지 않는 방법이 있다는 말입니다. 외부에서 일어나는 일이 우리 내면에 영향을 미치도록 허락할지 말지는 우리 결정에 달려 있습니다. 만약 이를 허락한다면 우리의 집중은 완전히 깨져 버리고 이를 허락하지 않으면 완전히 집중하여 하느님 앞에 침착하게 있을 수 있습니다. 이와 같은 주의 집중에 대해 알 압시이가 했던 이야기가 있습니다. 그는 손님을 맞이할 때마다 존경하는 마음으로 계속 침묵하는 이슬람인 가족에 대해 말했습니다. 그러나 그 가족들은 그 이슬람인이 기도를 할 때 원하는 만큼 소음을 내도 된다는 것을 알고 있었습니다. 왜냐하면 그는 기도하는 동안 아무 소리도 듣지 못했기 때문입니다. 심지어 집에 불이 났을 때조차 기도에 방해받지 않았습니다.

우리는 때때로 해결책에 대한 어떠한 희망 없이 열띤 논쟁만 벌이는 사람들 속에 있는 자신을 발견하곤 합니다. 그럴 때 더 이상 혼란을 일으키지 않고 그곳을 떠날 수는 없습니다. 그러나 정신적으로 한 걸음 물러서서 그리스도께 "당신께서 여기 계심을 알고 있사오니 도와주십시오."라고 해 보십시오. 그리고 그냥 그리스도와 함께 머물러 있으십시오. 터무니없이 들리지 않는다면 그리스도께 그 상황에 현존하시도록 부탁드려 보기를 바랍니다. 실제로 그분께서는 언제나 계시지만 그냥 계시는 것과 믿음으로 주어진 상황에 나타나시는 것은 어느 정도 차이가 있습니다. 아무것도 하지 않고 의자에 기대앉아 그리스도와 함께 머무르면서 다른 사람들이 이야기하도록 그냥 내버려 두십시오. 그분은 우리가 말하는 것 이상을 해 주십니다. 그리고 때때로 예상치 않았던 방법으로 그리스도와 함께 조용히 있게 된다면 논쟁의 열기 속에서는 불가능했을, 매우 합리적인 말을 하고 있음을 발견하게 될 것입니다.

정신적 훈련과 병행해서 우리는 평화로운 육신을 얻는 법도 배워야 합니다. 심리적으로 어떤 활동을 하든 우리 육신은 그것을 반영합니다. 또한 신체적으로 어떤 상태인지는 심리적 활동의 유형이나 자질을 결정합니다. 테오파네스는 영적 생활을 하길 원하는 사람이 성공하는 데 필수적인 조건은 육체적으로 느슨해지기를 결코 용납하지 않는 것이라고 충고했습니다. "바이올린 현과 같이 정확한 음에 맞춰 조율되어 느슨함이나 과도한 긴장감 없이 몸을 곧게 세우고, 어깨를 펴고, 머리를 편안히 하고, 모든 근육을 심장에 맞추십시오."

신체를 활용해 주의를 집중하는 능력을 기르는 방법에 관해 많은 글과 말이 전해지고 있지만 테오파네스의 조언은 누구나 행할 수 있는 정도로 단순하며, 정확하고, 실용적입니다. 우리는 몸의 긴장을 풀면서도 동시에 경계하는 법을 배워야 합니다. 방해받지 않고 좀 더 쉽게 집중할 수 있도록 몸을 제어해야 합니다.

묵상은 생각하는 활동이지만 기도는 모든 생각을 거부

하는 것입니다. 동방 교부들은 아무리 경건하고, 깊고 중요한 신학적 생각이라도 기도하는 도중에 떠오른다면 이를 유혹으로 생각하고 억제해야 한다고 가르칩니다. 하느님에 대해 생각하다가 자신이 그분 안에 있음을 잊어버리는 것은 어리석은 일이기 때문입니다. 정교회에서는 하느님에 대해 생각하다가 하느님과 만나는 자리만 신경 쓰고 하느님 자체를 잊는 것을 경계하라고 가르칩니다.

기도는 본질적으로 하느님과 대면하는 것입니다. 그분 앞에서 절대적으로 침묵하며 마음을 모아 그분께 계속 집중하려고 의식적으로 노력하는 일입니다. 이는 주님의 현존 안에서 정신을 나누지 않고, 마음을 나누지 않으며, 의지도 나누지 않은 채 서 있는 것을 의미합니다. 이런 훈련은 쉽지 않지만 지름길이 있습니다. 하느님의 사랑이 전부인 사람, 얽매인 모든 것을 끊어 낸 사람, 하느님께 온전히 의탁하는 사람은 완전함을 얻습니다. 거기에는 개인적인 노력과 관계없이 하느님의 빛나는 은총만이 작용하기 때문입니다.

우리는 언제나 하느님께 관심의 초점을 맞추어야 합니

다. 깊게 집중하여 기도할 때 우리는 전 존재가 기도가 되었다는 느낌을 받고 진정으로 깊게 기도에 집중한다고 상상하지만 이는 진실이 아닙니다. 기도의 대상으로서 하느님께 집중한 것이지 진실로 하느님께 초점을 맞추지 못했기 때문입니다. 감정적으로 몰입하게 되면 기도하는 데 완전히 관심을 기울이고 있기에 이질적인 생각은 끼어들지 않습니다. 다만 다른 사람을 위해서 기도할 때에는 그러한 집중력이 갑자기 흩어지곤 합니다. 이는 이렇게 집중하게 된 원인이 하느님에 대한 생각이나 그분의 현존에 있지 않고 인간의 관심사에 있기 때문입니다. 이는 인간적인 염려가 중요치 않다는 의미가 아니라 하느님께 집중하기보다 친구에게 집중해야 해결된다고 여기는 자세에 문제가 있다는 것입니다.

하느님께 주의를 기울이기가 어렵다고 느끼는 이유 중 하나는 "하느님께서 여기 계시다."라고 확신하는 믿음이 부족하기 때문입니다. 우리는 하느님이 계시다는 것을 머리로는 깨닫고 있으나 모든 힘, 사고, 감정, 의지를 실제로 모으고 집중해 거기에 관심을 두는 법은 깨닫지 못하고 있습니다. 만약 "주 예수 그리스도께서 여기 계시며, 그분의 모습은 이러할 것이다. 그분께서 내게 뜻하신 바는 이럴 것이며……." 이런 식으로 기도한다면, 상상은 풍부해지겠지만 그분의 현존은 느끼지 못하게 됩니다. 이러한 상상은 실제 존재를 가리기 위해 만들어진 우상입니다. 감정적으로 집중하기 위해 약간 도움을 받을 수는 있겠지만 그것은 하느님의 현존, 하느님의 실질적이고 객관적인 현존이 아닙니다.

초기 교부들과 정교회의 전통은 우리가 되뇌는 기도문에 의지를 다하여 주의를 집중해야 한다고 가르칩니다. 어떠한 종류의 감정도 만들어 내려 하지 말고 주의 깊게 단어들을 발음해야 합니다. 항상 응답할 수 있기를 바라며 하느님께 모든 것을 맡겨야 합니다.

요한 클리마코 성인은 집중력을 높일 수 있는 간단한 방법을 가르쳐 줍니다. 주님의 기도나 다른 기도를 하나 택한 후 하느님 앞에 서서 자신이 어디에 있는지, 무엇을 하고 있는지 인지하며 기도문을 주의 깊게 발음하라고 합니다. 어느 정도 시간이 지나면 자신의 생각이 배회하고 있음을 깨닫게 될 것입니다. 그때 주의 깊게 발음한 마지막 말이나 문장부터 다시 기도를 시작해 보라고 합니다. 열 번, 스무 번, 혹은 백 번을 반복할 수도 있습니다. 정해진 시간 동안 세 문장, 세 가지 청원만 외우고 더 나가지 못할지도 모릅니다. 그러나 이렇게 노력하는 동안 기도문에 집중했을 것입니다. 그렇게 되면 기도문을 진지하고 침착하고 정중하게 하느님께 바치게 됩니다. 그리고 깨닫지 못한 기도는 바치지 않게 됩니다.

또한 클리마코 성인은 우리가 선택한 기도문을 천천히, 말에 주의를 기울이면서 천천히 읽으라고 충고합니다. 그렇다고 지루할 정도로 천천히 읽을 필요는 없습니다. 우리의 목적은 하느님과 관계를 맺는 것이기 때문입니다. 우리가 하느님께 나아갈 때 그 어떤 감정도 짜내려고 해서는 안 됩니다. 기도는 주님께 말을 거는 것이며, 나머지는 하느님께 달렸기 때문입니다.

이런 식으로 연습할 때는 시간을 정해서 하게 되는데, 집중이 잘되었다면 시간이 얼마나 걸렸든 상관이 없습니다. 기도하는 데 규칙을 정하고 기도서를 세 페이지 정도

읽으려 했는데, 30분 후에도 여전히 처음 열두 단어만 읽고 있다면 당연히 실망할 것입니다. 그러므로 분량이 아니라 시간을 정해 놓고 지키라고 충고합니다. 이렇게 시간을 정해 두고, 어떤 기도문을 읽을지 준비되었다면 나머지는 노력입니다. 진지하게 노력한다면 의지가 생각보다 집중력을 쉽게 좌우할 수 있음을 깨닫게 됩니다. 또한 아무리 피하려 해도 1, 2분이 아니라 20분간 이렇게 해야 한다는 점을 알고 있다면 우리는 참을 수 있게 됩니다. 클리마코 성인은 이 간단한 방법으로 수도자 수십 명을 훈련시켰습니다. 즉, 시간에 제한을 두고, 끊임없이 관심을 쏟는 방법 말입니다.

전례의 외적인 아름다움 때문에 절제하는 기도가 정교회에 매우 중요한 특징이라는 점을 잊어서는 안 됩니다. 《이름 없는 순례자》라는 책에서 어느 신부님은 기도에 관해 훌륭한 조언을 하고 있습니다. "기도는 되도록 순수하고 열렬한 마음으로 짧게 바쳐야 합니다. 그리고 이 짧은 기도를 오랫동안 되풀이하는 습관을 길러야 합니다. 그래야 기도의 참맛을 알게 되니까요."

이와 똑같은 생각은 부활의 로랑 형제 니콜라 에르망의 《하느님의 현존 연습》에서도 발견할 수 있습니다. "기도할 때 너무 많은 말을 하지 마십시오. 긴 말을 하다 보면 정신이 산만해지기 쉽습니다."

크론시타트의 요한 성인은 언젠가 이런 질문을 받았습니다. 신부들이 기도를 수없이 연습하는데도 왜 도중에 다른 생각이 나고 산만해지는지 말입니다. 그는 "믿음이 모자라기 때문"이라고 답했습니다. 우리에겐 믿음이 충분하지 않습니다. 믿음은 바오로 사도가 말한 것처럼 "보이지 않는 실체들의 확증"(히브 11,1)입니다. 그러나 우리에게 다가오는 산만한 생각들이 모두 외부에서 오지는 않습니다. 이것들이 내부의 깊은 곳에서 온다는 사실을 직시해야 합니다. 이는 끊임없이 떠오르는 내적인 집착이며, 일상적으로 우리 삶을 채우는 생각들입니다. 그러한 생각을 근본적으로 없애는 유일한 방법은 삶에 대한 관점을 기초부터 바꾸는 것입니다.

로랑 형제는 《하느님의 현존 연습》 일곱 번째 편지에 다음과 같이 썼습니다. "기도하는 동안 조용히 정신을 모으는 쉬운 방법은 낮 동안에 지나치게 흥분하는 일이 없도록 하는 것입니다. 정신을 항상 하느님의 현존 가운데 두어야 합니다. 그렇게 시시때때로 하느님을 기억하는 데 익숙해지면, 기도하는 동안에도 마음을 모으기가 쉬워질 것입니다. 적어도 방심할 때 도로 불러들이기도 쉽겠지요."

삶의 사소한 일까지 깊이 관심을 두는 한, 우리는 마음을 다해 기도할 수 없습니다. 그것들은 우리의 생각이라는 열차를 물들일 것입니다. 타인과 일상에서 맺는 관계에서도 마찬가지입니다.

타인과 관계를 맺을 때 단지 가십거리만 이야기해서는 안 되며, 본질적인 것에 근거를 두어야 합니다. 그렇지 않으면 주님께로 향할 때에도 다음 단계에 도달할 수 없음을 알게 됩니다. 우리는 자신과 타인의 관계에서 무의미하고 불필요한 것들을 뽑아 버리고 영원토록 누릴 것에 집중해야 합니다.

기도를 시작했다고 바로 전혀 다른 사람이 되지는 않습니다. 그러나 생각에 주의를 기울이면서 가치를 구별하는 방법을 배우게 됩니다. 기도하는 순간에 억누를 수 없이 솟아 나오는 생각들을 일상생활에서 다듬을 수 있습니다. 기도는 우리의 일상생활을 바꾸고 풍요하게 하며, 주님과 우리 주위에 있는 사람들과 새롭고 진정한 관계를 맺도록 합니다.

기도를 열심히 하는 데에는 감정이 큰 역할을 하지 않습니다. 우리가 주님께 바쳐야 하는 것은 주님께 충실하고 하느님께서 우리 안에 거하시도록 노력하겠다는 완전하고도 확고한 결심입니다.

기도의 결실은 인격 전체가 변화하는 것이라는 점을 기억하십시오. 우리가 기도하는 목표는 주님 앞에 서는 것입니다. 또한 우리의 필요가 모두 주님을 향하고 하느님의 뜻이 우리에게 이루어지도록 하는 데 필요한 바를 얻는 것입니다. 주님의 뜻이 우리 안에서 이루어지는 것이 기도의 유일한 목표이며 또한 올바른 기도의 기준입니다. 신비로운 느낌을 받았거나 좋은 기도를 했다는 감정이 든다고 기도를 잘했다는 의미는 아닙니다.

테오파네스는 "자신에게 '오늘 기도를 훌륭히 했는가?' 하고 물어라."라고 말했습니다. 기도할 때 얼마나 깊은 감정이 들었는지, 성스러운 것을 얼마나 이해했는지 알아내려 하지 말고, "이전보다 주님의 뜻에 더 잘 따르고 있는가?"를 자신에게 물어보십시오. 만약 그렇다면 기도의 결실이 이루어진 것입니다. 그렇지 않다면 주님 앞에서 시간을 보내며 얼마나 이해하게 되었는지, 어떤 느낌을 받았는지 상관없이 기도는 결실을 맺지 못한 것입니다.

묵상을 하든 기도를 하든 집중하려면 의지를 가지고 노력해야 이룰 수 있습니다. 영적 생활은 우리의 믿음과 결심에 근본을 두고 있으며, 어떠한 기쁨도 주님의 선물입니다. 사로프의 세라핌 성인은 누군가는 성인이 되고 주님 안에서 사는데, 누군가는 왜 아무런 진보도 없이 죄인으로 남아 있느냐는 질문을 받았습니다. 그는 "그건 단지 어떤 결심을 했는지에 달려 있다."라고 답했습니다.

우리는 의지에 따라 행동할 수 있어야 합니다. 그러나 이는 우리의 갈망과 상반되는 경우가 많습니다. 믿음에 근거한 이 의지는 언제나 다른 의지, 특히 본능적인 것과 부딪치곤 합니다. 우리 안에는 두 가지 의지가 있습니다. 하나는 의식적인 의지로 어느 정도는 신념에 따라 행동하도록 하는 능력을 갖고 있습니다. 다른 하나는 그 밖의 것들로 바람, 주장, 본성의 욕구와 같은 것들입니다. 이는 첫 번째 의지와 매우 상반되는 것입니다. 바오로 사도는 '서로 싸우는 두 가지 법'에 대해서(로마 7,23 참조) 말합니다. 그는 두 가지 의지가 우리 안에서 서로 대결하고 있다고 말해 줍니다. 하나가 죽어야 다른 하나를 살릴 수 있습니다. 인간적인 삶과 영적인 삶 모두는 이 두 가지 의지가 일치하지 않는 한 완성되지 못합니다. 이를 깨달아야 합니다. 선한 의지가 악한 의지를 이기는 데 목적을 두는 것만으로는 충분하지 않습니다. 악한 의지, 곧 타락한 본성을 갈망하는 마음이 점진적으로나마 철저하게 주님을 갈망하고 열망하는 마음으로 변형되어야 하기에 이러한 투쟁은 힘들고도 요원합니다.

영적인 삶, 즉 그리스도인의 삶은 원하지 않는 일을 하려고 노력하는 강한 의지를 키우려는 것이 아닙니다. 물론 어느 의미에서는 나쁜 일을 하길 원할 때 올바른 일을 하는 성과를 얻을 수 있지만 이는 자그마한 성과에 불과합니다. 성숙한 영적 생활은 의식적인 의지가 주님의 말씀과 일치하며, 주님의 은총에 힘입어 인간 전체가 단 하나의 의지가 될 만큼 깊이 우리의 본성을 다시 만들며 바꾸는 것입니다. 그러기 위해서는 우선 우리의 뜻을 거두고 그리스도의 명령에 복종하며 객관적으로 이를 받아들여야만 합니다. 우리가 삶에 대해서 알고 있는 것과 다르다 할지라도 말입니다.

우리는 믿음의 행위로 그리스도께서 옳으심을 증거해야 합니다. 자신이 겪은 경험에 따르면 어떤 일은 복음서에서 가르치는 대로 되지 않는다는 생각이 들 때가 있습니다. 그러나 주님께서는 복음서에서 말한 대로 하라고 하셨습니다. 경험한 바가 있기에 어떤 것은 복음서가 가르치는 대로 하지 않는 것이 옳은 듯 느껴질지 모릅니다. 그러나 주님께서 그렇게 하라고 하셨기 때문에 그렇게 해야만 합니다. 또한 주님의 뜻을 따를 때, 그것이 어떻게 되나 시험 삼아 하거나 잠정적으로 해서는 안 된다는 점을 기억해야만 합니다. 그렇게 되면 주님의 뜻이 이뤄지지 않습니다.

우리는 살면서 뺨을 맞으면 똑같이 때려야 한다고 생각하게 됩니다. 그러나 그리스도께서는 "다른 뺨마저 돌려

대어라."(마태 5,39) 하고 말씀하셨습니다. 이 말씀대로 뺨을 대어 주기로 결정하면 우리는 상대를 회심시켜서 그에게 감탄을 불러일으키기를 기대합니다. 그러나 이와는 달리 다시 뺨을 맞게 되면 마치 주님께서 절대 할 수 없는 것을 하라고 속이셨다며 놀라거나 분개하곤 합니다.

우리는 이런 태도에서 벗어나 주님의 뜻에 따라 행하고 그에 대한 대가를 치르려고 준비해야 합니다. 만약 대가를 치를 준비를 하지 않으면 시간을 낭비하게 됩니다. 그런 다음, 다음 단계로 행하기만 하면 부족하다는 점을 배워야 합니다. 신앙은 행하는 것이 아니라 그리스도인이 되어야만 하는 것이기 때문입니다. 우리는 주님의 뜻을 행하는 과정에서 주님의 의도를 이해해야 합니다. 그리스도께서는 그분의 의도를 분명히 하셨습니다. 요한 복음서에서 그분은 우리를 종이라 하지 않고 친구라고 불렀습니다. 종은 주인의 마음을 알지 못하여 주인이 하는 일도 모르기 때문입니다(요한 15,15 참조). 주님의 뜻을 행하면서 우리는 그 뜻이 무엇을 포함하는지 배워야만 합니다. 그렇게 할 때 생각과 말과 행동으로 그리스도의 협력자가 될 것입니다(1코린 3,9 참조). 이렇게 주님과 한마음이 된다면 우리가 외적으로 되고자 했던 그대로 점차 내적으로도 갖춰질 것입니다.

근본적으로 바뀌지 않는 한 하느님의 생명에 깊이 참여할 수 없습니다. 따라서 우리를 변화시키실 수 있도록 주님께로 나아가야 합니다. 그러려면 먼저 회개해야 합니다.

라틴어로 회개Conversio는 변화, 사물의 방향 변동을 의미합니다. 또한 같은 뜻인 그리스어 메타노이아metanoia는 마음의 변화를 의미합니다. 다시 말해 회개란 우리 인생을 여러 방향으로 바라보기 위해 낭비하지 않고 한 방향으로만 나아간다는 의미입니다. 즉 우리가 즐겁고 편하다는 이유로 소중하게 여겼던 수많은 것에 등을 돌리는 것입니다. 첫 번째로 회개는 우리의 가치관을 바꿔 줍니다. 주님께서 중심이 되어 모든 것이 새로운 자리와 새로운 가치를 얻게 됩니다. 주님께 속하는 모든 것은 진실하며 좋은 것입니다. 주님 밖에 있는 것은 아무런 의미도, 가치도 없습니다. 그러나 회개가 마음의 변화만을 의미하지는 않습니다. 우리는 마음을 바꿀 수는 있으나 더 이상 나아가지는 못합니다. 그러면 그다음에는 의지가 필요합니다. 우리가 의지를 갖고 주님께 나아가지 않으면 회개하는 것이 아닙니다. 기껏해야 내부에서 비활동적인 초기 변화만 나타났을 뿐입니다. 올바른 방향을 보기만 하고 가만히 있으면 안 됩니다. 회개를 후회로 착각해서는 안 됩니다. 회개란 과거에 행한 잘못에 극도로 미안한 감정을 갖는 것이 아니라 올바른 방향으로 움직이는 능동적이고 긍정적인 자세이기 때문입니다.

포도원에 가서 일하라는 아버지의 명을 받은 두 아들의 비유(마태 21,28 참조)에서 이는 명백해집니다. 둘째 아들은 "가겠습니다, 아버지!" 하고 말하고서 가지 않았습니다. 맏아들은 "싫습니다." 하고 말했으나 뉘우치고 일하러 갔습니다. 이것이 진정한 회개입니다. 우리는 과거를 후회하는 것이 회개라고 잘못 생각해서는 안 됩니다. 물론 일부는 그럴 수도 있겠으나 회개는 아버지의 뜻에 따라 행동하지 않으면 비현실적이고 무미건조한 것으로 남게 됩니다. 우리는 좋은 감정을 불러일으켜야만 한다고 생각하는 경향이 있으며, 실제적이고 의미 있는 변화보다는 그런 감정이

든다는 자체로 만족하는 경우가 많습니다.

어떤 사람에게 해를 끼쳤거나 잘못했음을 깨달을 때 흔히 우리는 그 사람에게 가서 슬픔을 표현합니다. 대화를 하며 감정적으로 격해지기도 하고, 끊임없이 눈물을 흘리며 용서를 빌고, 감동적인 말을 하기도 합니다. 그러면 우리는 모든 것을 다 했다는 느낌을 가지고 돌아갑니다. 함께 울었으며 평화롭게 되었으니 이제는 잘되었다고 생각합니다.

그러나 이는 옳지 않습니다. 단순히 자신의 미덕에 기뻐한 것이며, 좋은 마음씨를 가지고 쉽게 감동하는 상대가 우리의 감정적인 모습에 반응했던 것뿐입니다. 이는 회개가 아닙니다. 누구도 우리에게 눈물을 흘리라고 요구하지 않았습니다. 피해자와 감동적인 만남을 가지라고도 말하지 않았습니다. 심지어 그 피해자가 주님일 때조차 말입니다. 잘못된 것을 깨달았다면 이를 바로잡아야 합니다.

회심은 그런 것으로 끝나지 않습니다. 그러므로 자신이 달라지도록 훨씬 더 노력해야 합니다. 회심에 시작은 있으나 결코 끝은 없습니다. 이는 심판의 날 이후 타락, 회개,

정당성이라는 범주가 사라지고, 새로운 삶이라는 새 범주로 대체될 때까지 계속되는, 우리가 되어야 하는 존재가 되어 가는 점진적인 과정입니다. 그리스도께서 "보라, 내가 모든 것을 새롭게 만든다."(묵시 21,5)라고 하실 때 말입니다.

어디서나 기도를 할 수 있으나 기도하기에 자연스러운 장소가 있습니다. 바로 교회입니다. 교회는 "나에게 기도하는 집에서 그들을 기쁘게 하리라."(이사 56,7)라고 하신 약속으로 가득 차 있습니다.

일단 축성되어 성별된 교회는 주님께서 머무르시는 장소가 됩니다. 그분께서는 이 세상 다른 곳에서와 다른 방법으로 그곳에 현존하십니다. 세상에서는 머리를 둘 곳 없는 이방인이자 순례자, 집집마다 떠도는 나그네로 현존하십니다. 세상에서 버림받고 그분 왕국에서 추방당했으나 백성을 구하러 다시 돌아온 세상의 군주로 다니시는 것입니다. 반면 교회는 집이며 그분의 장소입니다. 여기서는 창조주이시며 정당한 군주로 인정받으십니다. 교회 밖에서 그분은 당신이 할 수 있을 때, 할 수 있는 방법으로 행동하시지만 교회 안에서는 모든 힘과 권능을 갖고 계시며 우리가 그분께로 나아가야 합니다.

우리가 교회를 세우거나 예배 장소를 따로 마련할 때 자리를 마련한다는 의미를 넘어서는 어떤 일을 하는 것입니다. 주님께서 창조하신 세계는 인간들이 죄를 짓는 장소가 되어 악마가 활동하고 싸움이 끊임없이 계속되고 있습니다. 이 땅에 피와 고통, 죄로 더럽혀지지 않은 곳은 없습니다. 이 땅의 조그만 부분을 선택해 그분의 은총을 전하며 축복하는 예식을 할 때, 악한 영혼이 존재하는 곳에서 이 세상을 정화하여 주님이 머무를 곳을 마련할 때 우리는 주님을 위해서 이 타락한 세상의 조그만 부분을 재정복한 것입니다. 이곳은 주님의 왕국이 자신을 드러내며 과시하는 장소입니다. 성당에 갈 때 우리는 신성한 땅, 즉 주님께 속하는 곳으로 들어가고 있음을 깨달아야 하며 이에 맞게 행동해야 합니다.

교회의 벽에 있는 성화상은 단순한 이미지나 그림이 아닙니다. 그것은 진정한 현존에 초점을 맞추고 있습니다. 요한 크리소스토모 성인은 기도를 시작하기 전에 성화상

앞에 서서 눈을 감으라고 충고합니다. 성화상을 관찰하거나 시각적 도구로 사용하는 것이 기도에 도움이 되지는 않기에 그리 말한 것입니다. 빵과 포도주가 그리스도의 몸과 피인 것은 실제로 그렇게 감각되지 않습니다. 이런 점에서 성화상은 그리스도가 아니지만 이 둘 사이에는 신비로운 연결점이 있습니다. 이는 그레고리오 팔라마스 성인이 가장 잘 표현하고 있습니다. 그는 성화상이 은총의 힘을 나누어 받고 있다고 말했습니다. 그리스도의 능력과 우리를 구원하기 위해 일하시는 그리스도의 힘을 갖고 있다고 말입니다.

성화상은 숭배의 행위로 그려집니다. 나무가 선택되어 축복되며 그림을 그리는 물감도 축복받습니다. 성화상을 그리는 이는 단식하고 고해성사를 하고 미사를 드리며 준비해야 합니다. 또한 작업하는 동안 금욕하며 일이 끝나면 성수로 축복받고 성유를 바르게 됩니다(불행히도 이제는 이 마지막 축복은 건너뛰고 있습니다). 이리하여 성령의 힘으로 성화상은 그림 이상의 것이 됩니다. 이는 현존으로 가득 차 있으며 성령의 은총이 스며들어 있습니다. 또한 성화상은 그것이 나타내는 특별한 성인과의 친교 그리고 만물의 광대무변한 일치라는 신비를 통해 연결되어 있습니다. 성화상에 성인이 실재하고 있다는 생각은 우리가 거룩한 은사에서 발견하는 것과 일치하거나 유사하다고 말할 수 없지만 교회가 경험하고 가르치는 진정한 현존과 맞닿아 있습니다.

성화상은 초상이 아니라 하나의 표지입니다. 어떤 성화상은 주님의 권능과 지혜를 통해 기적을 일으키는 성물이 되기도 합니다. 이들 앞에 설 때 우리는 그것들이 주님을 증거하고 있음을 느끼게 됩니다.

최근에 러시아를 방문한 신부가 기적을 행하여 유명한 성모 마리아 성화가 있는 성당에서 미사를 드렸고 그 미사에 성모님이 활발하게 참여하는 것을 깊이 느꼈습니다. 성화는 몇 세기를 거치는 동안에 매우 어두워졌기 때문에 그가 서 있는 장소에서는 형상을 식별할 수가 없었습니다. 그래서 눈을 감고 미사를 계속 거행하였습니다. 어느 순간 갑자기 그는 성화 속에 있는 주님의 어머니께서 그가 기도하도록 이끌고, 어떻게 기도하라고 지시하며, 그의 마음을 구체화하는 것을 느꼈습니다. 성화에서 나오는 힘을 깨달았습니다. 거기서 성당을 기도로 채우고 산만한 생각을 올바른 방향으로 인도하는 힘이 나오고 있었습니다. 성화는 거의 실제로 현존하고 있었고, 그는 거기에 호응하며 서 있었습니다.

제5장

응답 없는 기도와 청원

Chapter 5

Unanswered Prayer and Petition

'가나안 여자의 믿음'(마태 15,22-28 참조)에서 우리는 주님께서 기도의 답변을 거절하시는 장면을 볼 수 있습니다. 이는 매우 강하게 시험받은 기도의 경우입니다.

이 여자는 잘못된 것을 구하지 않았습니다. 완전한 믿음으로 주님께 나아갔고 '당신께서 하실 수 있으면'이라는 말조차 하지 않았습니다. 그리스도께서 아이를 고칠 수 있으며 또 기꺼이 하시리라는 확신을 갖고 있습니다. 이 굳은 믿음에도 불구하고 주님의 대답은 "안 된다."였습니다. 기도가 가치가 없어서라든가 믿음이 충분하지 않아서가 아닙니다. 그녀가 유다인이 아니기 때문입니다.

그리스도께서는 유다 출신이며 그 여자는 유다인이 아

니었으므로 그분께서는 그 여자를 위해서 온 것이 아니었습니다. 그러나 그 여자는 "주님, 그렇습니다. 그러나 강아지들도 주인의 상에서 떨어지는 부스러기는 먹습니다."(마태 15.27)라고 말하면서 고집하였습니다. 그리고 주님의 사랑을 신뢰하면서 주님께서 말씀하신 바에도 불구하고 겸손하게 서 있었습니다. 그녀는 주님의 사랑을 들먹이지도 않았습니다. 단지 일상생활에서 사용하는 표현으로만 호소했습니다. 빵을 먹을 권리가 없지만 그 부스러기라도 달라고 말입니다. 그리스도의 명확하고 냉정한 거절은 그녀의 믿음을 시험한 것이었습니다. 그렇게 그녀의 기도는 이루어졌습니다.

자주 우리는 주님께 "오, 주님! 만일 당신이 하고자 하시고, 하실 수 있으면……."이라고 말합니다. 또 "하실 수 있으면 저희를 가엾이 여겨 도와주십시오."(마르 9,22)라고 말하는 아이의 아버지처럼 탄원합니다. 그러나 그리스도께서는 "'하실 수 있으면'이 무슨 말이냐? 믿는 이에게는 모든 것이 가능하다."(마르 9,23)라고 답하셨습니다. 그러자 아이 아버지는 "저는 믿습니다. 믿음이 없는 저를 도와

주십시오."(마르 9,24)라고 외쳤습니다. 이 두 가지 '하실 수 있으면'은 서로 관계가 있습니다. 믿음이 없으면 주님께서 그 상황에 개입하실 가능성이 없기 때문입니다.

주님께로 향한다는 사실이 믿음을 증거해 주기는 합니다만 그것은 어느 정도입니다. 우리는 믿는 동시에 믿지 않기도 하기 때문입니다. 믿음은 이러한 의심을 극복하는 과정을 통해 그 깊이를 보여 줍니다. 우리가 "예, 의심스럽습니다. 그러나 제가 지닌 의심보다 주님의 사랑을 더 믿습니다."라고 말할 때 주님께서 행동하실 수 있습니다.

그러나 만일 우리가 은총을 믿지 않고 법칙만을 믿는다면, 거기에는 하느님이 계실 자리가 없게 될 것입니다. 또한 하느님께서 기계적인 답 이외에 다른 무엇인가를 의도하지 않으셨기에 세상이 기계적으로 이루어져 있다고 믿는다면, 거기에도 하느님이 계실 자리가 없게 될 것입니다. 그러나 현대 과학에서도, 마음의 체험에서도, 19세기에 인간이 믿었던 것 같은 절대적인 규칙은 없다고 말해 줍니다. 믿음으로 주님의 왕국이 재창조될 때마다 주님 나라의 규칙이 행해질 곳이 생깁니다. 즉 주님께서는 어떤 상황에서도 선을 행하실 능력이 있으며, 그분의 지혜로 전 세계를 뒤집어엎지 않고도 그 상황에 개입하실 수 있습니다. 그러니까 우리가 '만일 하실 수 있으면'이라고 말하는 의미는 하느님의 능력보다 사랑과 관심이 더 필요하다는 말입니다. 그리고 하느님께서 "만일 내 사랑을 믿는다면 모든 것이 가능하다."라고 하신 말은 하느님 나라가 조금이라도 가까워져야 기적이 일어난다는 의미입니다.

기적은 타락한 세계의 법칙을 깨뜨리는 것이 아니라 주님 왕국의 법칙을 다시 세우는 것입니다. 이는 주님의 사랑이 기적을 일으킨다고 믿을 때 일어나기 때문입니다. 비록 주님께서 전능하시다는 것을 알고 있어도 그분이 돌보지 않는다고 생각하는 한 기적은 일어나지 않습니다. 기적을 행하기 위해 주님께서는 그의 의지를 강요해야 하는데 그분께서 그렇게 하지 않는 이유는 비록 타락했지만 이 세계와 그분 관계의 핵심 속에는 인간의 자유와 권리에 대한 절대적인 주님의 배려가 있기 때문입니다. "나는 믿습니다. 그러기에 당신께로 향합니다."라고 하는 말은 "나는 당신께서 자진해서 하시리라는 것을 믿고, 당신께 사랑이 있으며 모든 상황에 주의를 기울이신다는 것을 믿습니다."라는 의미를 내포하고 있습니다. 이러한 믿음이 있는 순간, 올바른 관계가 형성되고 기적이 일어납니다.

그러나 하느님의 사랑에 의심을 품는 '하실 수 있으면'과 별도로 합당하게 주님께 묻는 '하실 수 있으면'이 있습니다. 이는 "제가 이를 바라는 것이 당신의 뜻에 맞는지, 가장 옳은 것인지, 제 바람에 은밀하고 사악한 의도가 있지는 않은지 당신께 여쭙니다."라는 것입니다. 이는 우리 자신에 관한 확고한 태도를 의미하기에 합법적인 것 이상입니다. 간구하는 모든 기도는 이러한 의미의 '하실 수 있으면' 기도가 되어야 합니다.

교회는 그리스도의 현존이 시간과 공간 면에서 확장되고 있는 것이므로 그리스도인의 기도라면 어떤 것이라도 마음의 순수성을 담고 있는 기도여야 합니다. 교회의 기도는 그리스도의 기도이며, 특히 전례문은 완전히 그리스도께서 바치시는 기도입니다. 그러나 구체적 상황에 어떤 것을 요구하는 기도는 언제나 '하실 수 있으면'이라는 가정 아래 있습니다. 대부분의 경우 그리스도께서 그러한 상황에 어떻게 기도하셨는지 알지 못하므로 '하실 수 있으면'이라는 가정을 하게 됩니다. 이는 우리가 볼 수 있는 한, 우리가 그분의 뜻을 알 수 있는 한, 그분의 뜻이 이루어지기를 바라는 것입니다. 또한 '하실 수 있으면'이라는 말에는 가장 훌륭한 것이 일어나기를 바라는 마음이 담겨 있기도 합니다. 어떻게 하면 좋을지 몰라 현명하게 청하지 못하더라도 우리 의도를 주님께서 원하시는 대로 바꿔 달라는 의미입니다(로마 8,26 참조).

예를 들면 어떤 사람이 회복되거나, 특정한 때에 여행에서 돌아오기를 바라며 기도할 때, 우리는 꼭 필요하다고 생각하는 어떤 목적을 위해 선한 마음으로 기도했을지 모릅니다. 그러나 계획이 잘못될 수도 있습니다. '하실 수 있으면'이라는 말은 자신이 아는 한 그렇게 되기를 바라지만, 만일 잘못 알고 있다면 이 말대로 하지 마시고 의도대로 해 주십사 부탁드리는 것입니다. 옵티나의 암브로시오 성인은 상대에게 진정으로 좋은 일이 무엇인지 알아채는 직관력을 지니고 있었습니다. 그가 머무르는 수도원에서 성화를 그린 화가가 거액의 돈을 받고 집으로 돌아갈 준비를 했습니다. 화가는 빠르게 집에 돌아가기를 기도했겠지만 성인은 일부러 그 화가가 길을 떠나는 것을 사흘 지연시켰습니다. 그렇게 함으로써 그가 자신이 부리던 사람에게 살해당하고 약탈당하는 일을 막았습니다. 악인이 매복했던 곳에서 떠났을 때에야 화가는 수도원을 나섰습니다. 몇 년 후에야 그 화가는 성인이 어떤 위험에서 그를 보호했는지를 알게 되었습니다.

때때로 우리는 사랑하지만 어려운 상황에 놓여 있고 도와줄 수도 없는 누군가를 위해 기도합니다. 무엇이 옳은지 모를 때도 있고, 가장 사랑하는 사람에게 도움이 되는 말조차 발견해 낼 수 없는 때도 있습니다. 누군가를 돕기 위해 목숨마저 다 바칠 준비가 되어 있지만, 침묵하는 것 외에는 할 수 있는 일이 없음을 깨달을 때도 있습니다.

이러한 마음일 때 모든 것을 주님께 맡기고 이렇게 말할 수 있습니다.

"주님, 당신께서는 모든 것을 알고 계시며 당신의 사랑은 완전하십니다. 당신께 제 모든 것을 맡깁니다. 저는 할 수 없지만 당신께서는 하실 수 있습니다."

기도는 헌신이기에 우리가 도와주려는 마음을 지니지 않는다면 타인을 위해 진심으로 기도할 수 없습니다. 주님께서 "내가 누구를 보낼까? 누가 우리를 위하여 가리오?"(이사 6,8)라고 말씀하시는 것을 듣고 "제가 있지 않습니까? 저를 보내십시오."(이사 6,8)라고 말할 준비가 되어 있어야 합니다.

많은 사람들이 죽은 이를 위해 기도하는 것에 불만을 가지고 있습니다. 그 기도에 어떤 목적이 있는지, 그렇게 해서 무엇이 바뀔지 궁금해합니다. 죽은 이들을 위해 기도하면 죽은 이의 운명이 바뀔까요? 그렇게 기도하면 하느님께서 부당한 일을 인정해 주시고 죽은 이들이 받을 자격이 없는 것을 주실까요?

하지만 살아 있는 사람을 위해 하는 기도가 도움이 된다면 왜 죽은 사람을 위해서는 기도하면 안 될까요? 루카 복음사가는 이렇게 말했습니다. "그분은 죽은 이들의 하느님이 아니라 산 이들의 하느님이시다. 사실 하느님께는 모든 사람이 살아 있는 것이다."(루카 20,38) 죽음은 종말이 아니라 인간 운명의 한 단계입니다. 기도가 표현하는 사랑이 헛되이 버려질 리 없습니다. 만일 사랑이 이 세상에서는 위력이 있지만 죽은 후에는 힘이 없다면 "사랑은 죽음처럼 강하고"(아가 8,6)라는 성경의 말이나, 그리스도가 인간에 대한 사랑으로 죽음을 물리치셨기에 사랑은 죽음보다 강하다고 하는 교회의 체험은 모순이 되어 버립니다. 죽으면 인간의 모든 생활이 끝이라고 생각해서는 안 됩니다.

살아 있는 동안 사람은 씨앗을 뿌립니다. 이 씨앗은 다른 사람들의 영혼 속에서 자라나 그들의 운명에 영향을 줍니다. 그리하여 이 씨앗에서 자란 열매는 그 열매를 가진 사람뿐만 아니라 씨를 뿌린 사람에게도 속하게 됩니다. 설교자, 철학자, 시인, 정치가처럼 다른 이의 삶이나 운명을 바꿔 놓는 이들은 자신의 말을 들은 이들의 악뿐 아니라 선에 대해서도 책임을 지게 됩니다. 그들은 죽은 후에도 살아 있는 사람들에게 어떤 영향을 미치는지에 따라 상벌을 받을 것입니다.

모든 사람은 마지막 심판 날까지 계속해서 영향을 받습니다. 우리의 영원하고 최종적인 운명은 이 세상에서 살다 간 짧은 시간뿐 아니라 우리 인생의 결실, 즉 얼마나 선하거나 악한 결과를 남겼는지에 따라 결정됩니다.

비옥한 땅에 뿌려진 씨를 받은 사람들은 그들의 삶을 변화시키고 그들의 존재에 의미를 부여해 준 사람을 주님께 축복해 달라고 간구함으로써 죽은 이의 운명을 바꿀 수 있습니다. 끝없는 사랑, 신앙심, 감사하는 자세로 주님께 향하면 시간의 한계를 초월한 영원한 왕국에 들어가게 되고 죽은 사람의 운명이나 처지에 영향을 주게 됩니다. 주님께 청하는 것은 정당한 일입니다. 우리는 그가 한 일에도 불구하고 용서해 달라고 청하는 것이 아니라 우리가 그를 위해 증거할 만큼 선한 일을 했기에 축복해 달라고 청하는 것이기 때문입니다.

주님께서 바라는 대로 사는 한 우리가 드리는 기도는 감사와 사랑의 행동입니다. 우리는 하느님께 불의를 청하지 않습니다. 그분보다 더 자비롭고 사랑이 많다고 생각하거나 그분이 자비를 베풀지 않는다고 해서 더 자비로워지시기를 청하지도 않습니다. 우리는 주님의 심판에 대비해 새로운 증거를 모으고 있습니다. 그리고 이러한 증거를 참작해서 삶에 큰 의미가 있는 사람에게 축복을 많이 내려 달라고 기도합니다. 우리가 그 사람을 위해 기도하는 이유는 하느님께 무엇인가를 확신시키려는 것이 아닙니다. 그 사람이 헛되이 살지 않았으며, 사랑하고, 사랑을 불어넣어 주며 살았음을 증거하기 위한 것입니다.

어떻게든 사랑이 근원이 되는 삶을 산 사람에게는 자기를 변호하기 위해 내놓을 무언가가 있습니다. 그럼에도 그가 다른 사람들을 위해 해 온 일을 증거하는 이유는 오히려 남아 있는 사람들을 위한 것입니다. 단순히 선의나 감정의 문제가 아닙니다. 시리아의 이사악 성인은 이렇게 말했습니다. "말로만 기도하지 말라. 너의 삶 전체를 하느님께 바치는 기도로 만들어라." 그러므로 만일 죽은 사람을 위해 기도하길 원한다면 삶이 기도를 뒷받침해야 합니다. 이따금 그들에 대한 특별한 감정이 깨어나 그들을 위해 무엇을 해 달라고 주님께 청한다면 충분하지 않습니다. 그들이 뿌린 선하고 거룩하고 진실한 모든 씨앗이 필수적으로 열매를 맺어야 합니다. 그래야 우리는 주님 앞에 서서 이렇게 말할 수 있습니다. "그는 좋은 씨앗을 뿌렸습니다. 제가 좋은 일을 하도록 격려해 준 무엇인가가 그 안에 있었습니다. 이 좋은 씨앗은 그의 것이며 그의 영광이요, 구원입니다."

그리스 정교회는 죽음과 장례에 대해 아주 확고한 견해를 갖고 있습니다. 장례 미사는 "주님, 찬미받으소서."로 시작합니다. 죽음, 사별, 고통에도 불구하고 이 말을 하니 이것이 얼마나 중요한지 인식해야 합니다. 이 예식은 부활의 상징으로 애도하는 이들이 촛불을 켜서 손에 들고 서 있는 찬양과 빛의 예식인 마틴스(Matins, 아침 기도)에 기원을 두고 있습니다. 이 예식의 근본이념은 우리가 실로 죽음에 직면하고 있으나 그리스도의 부활을 통해 죽음을 보면 더 이상 죽음이 두렵지 않다는 것입니다. 동시에 이 예식은 죽음의 양면성을 느끼게 합니다. 죽음은 받아들이기 힘듭니다. 그러나 한편으로 우리는 살려고 태어났는데, 죽음은 죄를 짓는 세상에서 탈출할 유일한 출구입니다. 만일 이 죄의 세계가 변화하지 않고 영원히 고정되어 있다면 이 세계는 지옥이 될 것입니다. 그러나 죽음이 있기에 우리는 고통과 죄의 세계인 이 지옥에서 탈출할 수 있습니다. 죽음은 이 세계에서 벗어날 단 하나의 길입니다.

교회는 이 양면성을 인식하고 있습니다. 다마스쿠스의 요한 성인은 그리스도인이 죽음에 낭만적일 수 없음을 극단적이며 사실적으로 잔인하게 썼습니다. 죽음은 우리가 십자가에 대해 말할 때 그것이 사형 도구라고 기억해야 하는 것과 같은 방식으로 볼 수 있습니다. 죽음에는 모든 추하고 극악한 것이 담겼지만 궁극적으로 우리에게 희망을 주는 것은 죽음뿐입니다. 한편으로 우리는 살고자 합니다. 다른 한편으로 제대로 살기 위해 죽고자 합니다. 이 제한된 세계에서는 온전히 사는 게 불가능한 일이기 때문입니다. 죽으면 육신은 부패합니다. 그러나 하느님의 은총과 결합하여 살면서 우리가 결코 가질 수 없었던 만큼의 생명으로 인도되기도 합니다. 그래서 바오로 사도는 이렇게 말했습니다. "죽는 것이 이득입니다."(필립 1,21) 육신을 가지고 사는 것은 우리를 그리스도와 분리시키기 때문입니다. 우리가 시간과 무관하게 어느 정도 삶을 살고 나면 무한한 삶으로 들어가기 위해 이 제한된 삶을 버려야 합니다.

그리스 정교의 장례 미사는 열려 있는 관 중심으로 둥글게 모입니다. 이는 육신과 영혼 전체가 교회의 주관하에 있다고 간주되기 때문입니다. 육신은 묻히기 위해 준비됩니다. 그 육신은 경건한 척하는 사람들이 말하기 좋아하듯이 낡아 빠진 옷이 아니라 영혼을 자유롭게 하기 위해 벗은 옷입니다. 하지만 그리스도인에게 육신이 가지는 의미는 그 이상입니다. 육신이 없다면 영혼에는 어떠한 일도 발생하지 않을 것입니다. 우리는 육신을 통해서 이 세상을 느끼며, 부분적으로는 신성한 세계도 느낍니다.

모든 성사는 육체적 행위를 통해 영혼에게 부여되는 주님의 선물입니다. 세례수, 성유, 성찬례의 빵과 포도주는 물질세계에서 취한 것입니다. 우리는 육신을 통하지 않고는 선이나 악을 행할 수 없습니다. 육신은 말하자면 영혼이 태어나고 성숙했다가 그것을 버리려고 존재하는 것이 아닙니다. 육신은 첫날부터 마지막 날까지 모든 면에서 영혼의 협조자입니다. 영혼과 함께 육신이 있어야 완전한 사람이 됩니다. 이는 영혼에, 둘이 함께한 일반적인 삶에 각인되어 있습니다. 영혼과 연결되어 있는 육신은 성찬례를 통해 예수 그리스도와 연결되어 있기도 합니다. 주님의 몸과 피를 받아 모심으로써 육신은 자신의 권리이기도 한 앞으로 다가올 신성한 세계와 하나가 됩니다.

영혼 없는 육신은 시체이며 우리와 아무런 관련도 없습니다. 육신 없는 영혼은 그것이 천국으로 직행하는 성인의 영혼이라 해도, 하느님의 영광이 육신과 영혼에 비추는 최후의 날에 부르심받는 축복을 누리지 못하게 됩니다.

시리아의 이사악 성인은 영원한 축복조차도 육신이 받아들여야 받을 수 있다고 말했습니다. 위대한 수행자이며 평생 육신을 억압하는 고행을 했던 이사악 성인이 육신의 중요성을 언급했다는 사실은 놀라운 일입니다. 그러나 바오로 사도의 말을 보면 고행을 해 온 이들이 타락과 내세에서 구원받기 위해 죄의 지배를 받는 육신을 억압한 것이지(로마 6,6 참조) 죄악에서 도피하고 영혼을 우선하기 위해 육신을 억압한 것은 아니었습니다.

따라서 죽은 육신은 비록 죄인의 육신일지라도 교회에서는 돌봐야 할 대상입니다. 그리고 살아 있을 때 받는 관심보다 장례식에서 받는 존경이 훨씬 더 큽니다.

마찬가지로 기도하는 삶을 살 때 육신은 영혼과 연결되어 있습니다. 자신이 육신에 가하는 모든 비뚤어지고, 과도하며, 무례한 언행은 영혼에 상처를 입히고 이 관계의 질을 떨어뜨립니다. 다른 말로 하자면 외부에서 받은 모욕은 기도로 극복할 수 있지만 스스로 자초하는 모욕은 기도를 파괴합니다.

그리스도인의 기도는 은총과 자비로 이 세상에 그리스도의 현존이 된 사람들이 바치는 것입니다. 끊임없이 변하는 상황에서도 자손 대대로 바치는 기도라는 특징을 지닙니다. 즉 아버지에게 바친 그리스도의 기도가 현재에도 계속되는 것입니다. 이는 주님의 뜻이 이루어지고, 그분의 현명하고 자애로운 계획대로 모든 일이 일어나기를 바라며 끊임없이 바치는 기도입니다. 이는 기도하는 삶이 그리스도적이지 않은 모든 것에 대한 투쟁임을 의미합니다. 그리스도적이지 않은 것, 그분께 합당하지 않은 것을 접할 때마다 기도를 위한 바탕을 마련하고 바오로 사도처럼 "이제는 내가 사는 것이 아니라 그리스도께서 내 안에 사시는 것입니다."(갈라 2,20)라고 말할 수 있는 사람의 기도만이 진정한 그리스도인의 기도입니다.

그러나 우리는 하느님의 뜻이 이루어지기를 기도하기

보다 우리가 원하는 대로 해 달라고 기도합니다. 어떻게 그런 기도가 이루어지겠습니까?

아무리 기도를 잘한다 하더라도, 실제 그렇지 않을 수 있음을 언제나 염두에 두어야 합니다. 아무리 의도가 진실하고, 아무리 완벽하다 해도 모든 기도는 한순간에 잘못될 수 있습니다. 그래서 하느님께 해야 할 말을 모두 했을 때, 우리는 그리스도처럼 덧붙여야 합니다. 겟세마니 동산에서 "제가 원하는 대로 하지 마시고 아버지께서 원하시는 대로 하십시오."(마태 26,39)라고 말씀하신 대로 말입니다. 같은 마음으로 성인에게 중보 기도를 드릴 수도 있습니다. 우리의 선한 의도를 그들에게 전하며 그 기도를 하느님의 뜻에 맞게 전해 달라고 바치는 것입니다.

"청하여라, 너희에게 주실 것이다."(마태 7,7)

이 말은 그리스도교의 핵심적인 가르침이어서 받아들일 수밖에 없습니다. 이것을 거부하는 것은 주님의 무한한 은총을 거절하는 것입니다. 그러나 우리는 아직 그것들을 받아들일 만큼 완전한 그리스도교인이 아닙니다. 우리는 아버지께서 빵 대신에 돌을 주시지 않는다는 점을 알고 있습니다(마태 7,9 참조). 그러나 우리는 자신을 진정으로 필요한 것이 무엇인지도 모르고, 무엇이 좋은지 무엇이 나쁜지 모르는 아이와 같다고 생각하지 않습니다. 그 응답받지 못한 많은 기도에 대한 설명이 여기에 있습니다. 요한 크리소스토모 성인의 말에서도 이를 발견할 수 있습니다.

"주님께 청한 것을 당장 받지 못하더라도 좌절해서는 안 된다. 주님께서는 기도에서 끈기를 찾아 더 선해지기를 바라신다."

"주님의 침묵은 우리가 듣지 못해서 생기는 비극적인 일 아닌가?"

"내가 또 진실로 너희에게 말한다. 너희 가운데 두 사람이 이 땅에서 마음을 모아 무엇이든 청하면, 하늘에 계신 내 아버지께서 이루어 주실 것이다."(마태 18,19)

이 구절은 때때로 그리스도인을 조롱하는 말로 사용되기도 합니다. 몇 사람이 함께 어떤 일을 간절히 청했으나 이루어지지 않는 경우가 있기 때문입니다. 그러나 이에 대해서는 함께 있다 해도 세속적으로만 가능하며, 마음을 모은다 해도 서로 일치하지 않고 손만 잡는 경우가 있다고 반박할 수 있습니다. 그리고 주님께서 하시고자 하면 어떤 것이든 하실 수 있다는 믿음은 성경에서 욥을 위로한 사람들이 받아들인 바와 똑같이 해석할 수 있습니다.

"너희가 기도할 때에 믿고 청하는 것은 무엇이든지 다 받을 것이다."(마태 21,22)라는 구절이 진실이 아니라고 느끼는 사람에게는 겟세마니 동산에서 한 그리스도의 기도가 답변해 줍니다. 일부는 바오로 사도가 대답합니다.

"또 어떤 이들은 조롱과 채찍질을 당하고, 결박과 투옥을 당하기까지 하였습니다. 또 돌에 맞아 죽기도 하고 톱으로 잘리기도 하고 칼에 맞아 죽기도 하였습니다. 그들은 궁핍과 고난과 학대를 겪으며 양가죽이나 염소 가죽만 두른 채 돌아다녔습니다. 그들에게는 세상이 가치 없는 곳이었습니다. 그래서 광야와 산과 동굴과 땅굴을 헤매고 다녔습니다. 이들은 모두 믿음으로 인정을 받기는 하였지만 약속된 것을 얻지는 못하였습니다. 하느님께서 우리를 위하여 더 좋은 것을 내다보셨기 때문에, 우리 없이 그들만 완전하게 될 수가 없었던 것입니다."(히브 11,36-40)

실로 이러한 상황에서 기도를 많이 했을 것입니다. 하느님을 위해 그들의 생명조차 바칠 준비가 되어 있었겠지만 그들 중 일부는 구원을 위해서가 아니라 도움을 달라고 기도했겠지요. 그러나 그들은 기대한 바를 모두 받지는 못했습니다.

하느님께서는 우리가 그분의 침묵을 견디고 윤리적이건 육체적이건 고통을 참을 만큼 신앙이 두텁다는 것을 아실 때, 그분의 왕국에 더 큰 성취를 가져오기 위해 침묵하실 수 있습니다. 그러다 결국에는 우리가 기대했던 바와 다른 방식으로 응답하실 것입니다.

바오로 사도는 겟세마니 동산에서 그리스도가 한 기도에 대해 말하기를 "당신을 죽음에서 구하실 수 있는 분께 큰 소리로 부르짖고 눈물을 흘리며 기도와 탄원을 올리셨고, 하느님께서는 그 경외심 때문에 들어 주셨습니다."(히브 5,7)라고 했습니다. 여기서 바오로 사도는 하느님께서 그리스도가 청한 대로 잔을 즉각 가져가실 수 있었음에 대해서는 언급하지 않습니다. 그러나 사실 하느님께서는 그리스도에게 그의 일을 받아들일 수 있는 힘과 고통을 참고 그의 일을 수행할 힘을 내려 주셨습니다. 또한 하느님께서 그리스도의 기도를 들어주지 않은 까닭은 그리스도에게 절대적인 믿음이 있었기 때문입니다. 그리고 세상이 구원 받을 수 있었던 것도 바로 그리스도의 믿음이 절대적이었기 때문입니다.

우리가 하는 기도의 대부분은 청원 기도입니다. 사람들은 이 청원이 가장 낮은 수준의 기도이고 그다음이 감사이며, 찬미가 마지막에 온다고 생각하는 듯합니다. 그러나 실제는 감사와 찬미가 주님과 더 친밀하지 못함을 보여 줍니다. 믿음을 가지고 무언가를 청하려면 충분히 믿어야 합니다. 반신반의하는 수준에서는 찬미의 성가를 부르고 하느님께 감사드리기가 더 쉽습니다. 건성으로 하느님을 믿는 사람들조차도 무언가 좋은 일이 일어났을 때는 하느님께 감사드립니다. 누구에게나 하느님께 찬미를 드릴 기쁨의 순간들이 있는 법입니다. 그러나 온전한 확신을 가지고 정성을 바쳐 청원할 만큼 확고한 믿음을 갖기는 훨씬 어렵습니다. 청원 기도를 할 수 있느냐 없느냐 하는 것은 우리가 진실로 하느님을 믿는지 알려 주는 척도입니다. 그러므로 청원을 비뚤어지게 봐서는 안 됩니다.

제베대오의 아들 야고보와 요한의 어머니가 그리스도께 두 아들을 위해 가장 좋은 장소를 마련해 달라고 청하러 왔을 때, 그녀는 그리스도께서 자기가 청하는 것을 하실 수 있다는 데 대해서는 완전히 확신하고 있었습니다. 그러나 그녀는 청원을 들어주는 그리스도의 능력을 그분의 뜻대로 하는 주님의 권리로 생각했습니다. 그러나 이는 "내 심판은 올바르다. 내가 내 뜻이 아니라 나를 보내신 분의 뜻을 추구하기 때문이다."(요한 5,30)라는 가르침과 일치하지 않는 생각이었습니다.

이 어머니는 그녀가 먼저 청했으므로 주님께서는 호의를 품고 자신의 청원을 독단적으로 이뤄 주실 거라고 기대했습니다. 그러나 그리스도는 거절했습니다. 하느님 나라 전체는 겸손 위에 세워져 있는데, 이 어머니의 부탁은 하느님의 왕국에 교만함을 구했기 때문입니다. 이 어머니의 기도는 메시아의 강림에 대한 구약의 태도를 보여 줍니다.

제6장

예수 기도

Chapter 6
The Jesus Prayer

《이름 없는 순례자》를 읽은 사람이면 예수 기도라는 말이 익숙합니다. 예수 기도는 "주 예수 그리스도님, 저에게 자비를 베푸소서."라는 말을 끊임없이 반복하는 짧은 기도를 가리킵니다.

 《이름 없는 순례자》는 끊임없이 기도하는 것(1테살 5,17 참조)을 배우려는 순례자의 이야기입니다. 그는 순례를 하며 많은 경험을 했으므로 기도에 응하는 방법이나 기도하는 마음가짐은 특정한 삶을 통해 얻은 것입니다. 그렇기에 이 책은 보편적인 삶에 적용하기 힘들 수도 있지만 기도를 배우는 가장 훌륭한 입문서이자 그리스 정교의 가장 중요한 보물입니다.

그리스 정교의 위대한 스승들은 예수 기도가 복음의 정신에 깊이 입각하고 있으며 심지어는 복음 전체를 요약한다고 주장합니다. 이는 잘못된 주장이 아닙니다. 그렇기에 예수 기도를 온전한 의미로 바치려면 교회의 일원이자 복음에 속한 이여야만 합니다. 복음의 모든 메시지가, 그리고 그 메시지를 넘어서는 복음의 실재가 예수님 안에, 그분의 이름 안에 포함되어 있습니다. 예수 기도의 처음 부분인 "주 예수 그리스도님"이라는 기도문을 보면 주님에 대한 우리의 믿음이 어떻게 표현되어 있는지 볼 수 있습니다. 우리는 마음속에서 예수님의 이름을 찾습니다. 그것은 모든 이가 그분께 무릎을 꿇고 입으로 맹세할 이의 이름이며(이사 45,23 참조), 우리가 그분의 이름을 발음할 때 그분께서 강생하신 역사적 사건을 확언하는 것입니다. 하느님이자 하느님의 말씀이시며 성부와 함께 영원하신 분이 사람이 되었으며 '온전히 충만한 신성이 육신의 형태로 그리스도 안에 머무르고 있음'을 확신합니다(콜로 2,9 참조).

갈릴래아 사람, 사람이 되신 하느님을 보려면 우리는 성령의 인도를 받아야 합니다. 하느님의 영은 그리스도의 강생과 그분의 권위를 우리에게 계시하시는 분이시기 때문입니다. 우리는 그분을 그리스도라 부르며 그분 안에서 구약의 예언이 성취되었음을 봅니다. 예수가 그리스도임을 확언하는 것은 구약의 모든 역사가 우리의 역사이며 우리가 그것을 하느님의 진리로 인정함을 의미합니다. 우리는 그분을 하느님의 아드님이라고 부릅니다. 바르티매오가 '다윗의 자손'이라고 부른 사람, 유다인들이 기다렸던 구세주가 강생하신 하느님임을 알기 때문입니다. 이 말에는 구약에서 신약에 이르기까지, 예수 그리스도에 관해 우리가 믿는 모든 것, 수 세기 동안 교회가 해 온 경험을 통해 우리가 아는 모든 것이 담겨 있습니다. 이 몇 마디로 우리는 완전한 신앙 고백을 할 수 있습니다.

그러나 이러한 신앙 고백만으로는 충분하지 않습니다. 마귀들 또한 그분을 믿기 때문에 무서워 떱니다(야고 2,19 참조). 믿음만으로는 구원을 받기에 충분하지 않습니다. 하느님과 올바른 관계를 맺는 것으로 이어져야 합니다. 그래서 우리는 그분이 참사람이자 참하느님이심에 대한 믿음을, 그분께서 역사적으로 실재하신 하느님이심에 대한 믿음을 분명하게 고백해야 합니다. 그렇게 하여 올바른 상태로 주님과 대면해야 합니다. "죄인인 저에게 자비를 베푸소서." 하고 말입니다.

"자비를 베푸소서."라는 말은 모든 그리스도교에서 사용됩니다. 미사 때 사제들이 하는 청원에 사람들이 하는 답이기도 합니다. 하지만 오늘날 "자비를 베푸소서."라는 번역은 제한적이고 불충분한 말입니다. 복음서와 초기 전례서에서 찾아낸 그리스말은 '엘레이손eleison'입니다. '엘레이손'은 올리브 나무와 거기서 나오는 기름을 의미하는 '엘라이온elaion'과 같은 뜻입니다. 만일에 이 개념과 관련된 구절을 찾기 위해 구약과 신약을 펼쳐 본다면 그 단어의 개념을 완전히 이해시키기 위해 여러 가지 사건과 비유가 담겨 있음을 발견할 것입니다.

우리는 창세기에서 올리브 나무의 상징을 발견합니다. 홍수가 난 후에 마른 땅이 있는지 알아보기 위해서 노아는 새를 한 마리씩 한 마리씩 날려 보냈습니다. 그중 한 마리의 비둘기가 작은 올리브 나무의 가지를 가져왔습니다(이때 올리브 나무의 가지를 가지고 온 새가 비둘기라는 점도 중요한 의미가 있습니다). 노아와 방주에 있던 모든 사람들은 이 가지를 보고 하느님께서 분노를 푸시고 다시 인간에게 새로운 기회를 주셨다는 소식을 알게 됩니다. 방주에 있던 모든 사람들은 다시 땅에 정착해서 살 수 있게 되었고, 이제 다시는 결코 하느님의 분노를 사지 않을 것입니다.

 신약에서는 착한 사마리아인의 비유에서, 올리브 기름이 위로하거나 병을 낫게 하는 데 쓰입니다. 구약에서는 임금과 사제의 도유식에 사용되었는데, 하느님께서 그들에게 은총을 베푸시어 인간이 할 수 없는 일을 수행하도록 새로운 힘을 내려 달라는 의미로 그 기름을 머리에 부었습니다(시편 133,2 참조). 임금은 인간의 의지와 신의 의지 사이에 서서 백성들이 신의 뜻대로 행하도록 인도해야 합니다. 사제는 하느님의 의지를 선포하고 더 많은 일을 해야 합니다. 하느님을 대신해서 행동하고 하느님께서 이르시는 바를 선포하고 하느님의 결정에 따라야 합니다.

 무엇보다도 올리브 기름은 하느님의 분노가 끝나고 그분께서 인간에게 평화를 준 일을 의미합니다. 더 나아가 우리가 살아가고, 부르심받은 사람이 되도록 하느님께서 우리를 치유하셨음을 의미합니다. 그분은 우리 자신의 힘만으로는 주님의 뜻이나 우리를 창조하신 목적을 성취할 수 없음을 아시고 은총을 충만하게 내려 주십니다(로마 5,20 참조). 하느님께서는 우리가 할 수 있는 방법이 없을 때 그것을 할 수 있는 힘을 우리에게 주십니다.

슬라브어에서 '밀로스트milost'와 '포밀리pomiluy'라는 단어는 '부드러움, 사랑스러움'을 표현하는 단어와 같은 뿌리를 가지고 있습니다. 우리가 '엘레이손eleison', '자비를 베푸소서', '포밀리pomiluy'라는 단어를 사용할 때, 우리는 하느님께 그분의 진노에서 우리를 구원해 달라고 청하는 것이 아닙니다. 사랑을 구하는 것입니다.

"주 예수 그리스도님, 저에게 자비를 베푸소서."라는 예수 기도를 살펴보면 앞부분은 하느님의 말씀이 강생하셨다는 그리스도에 대한 복음적인 믿음을 정확하게 표현합니다. 그리고 뒷부분은 하느님과 그의 피조물 사이에 존재하는 모든 복잡하고 풍부한 사랑의 관계를 나타냅니다.

정교회에서는 예수 기도를 기도의 규칙으로 삼거나 다른 기도에 더해서 사용합니다. 또한 이 기도는 어떤 상황에서든, 언제든 사용할 수 있는 신심의 한 형태입니다.

많은 작가들은 기도의 신체적인 면, 즉 호흡을 조절해야 한다거나 심장 박동에 주의를 기울여야 한다거나 하는 다른 여러 사소한 특징들도 언급합니다. 《자애록》에서는 마음의 기도에 관해서, 이슬람교의 수피파가 사용했던 기도에 관해서 상세하게 적혀 있습니다. 고대와 현대의 사제들도 그 주제를 다뤘는데 항상 같은 결론, 즉 영적 스승에게 엄격한 지도를 받지 않고는 어떠한 신체적 훈련도 해서는 안 된다는 결론에 도달했습니다.

일반적으로 사용하는 방법이자 하느님께서 주신 방법은 실제 육체적으로 움직이려는 노력을 하지 않고 말씀만 반복하는 것입니다. 이는 내적으로 변화하기 위해 체계적으로 사용할 수 있습니다. 다른 어떤 기도보다도 예수 기도는 주님께서 우리와 함께 계심을 느끼고 다른 생각은 들지 않도록 하여 하느님의 현존 안에 있도록 도와줍니다. 예수 기도를 할 때 거기에는 하느님과 우리 외에는 누구도, 무엇도 없기 때문입니다.

이 기도는 이중적으로 사용됩니다. 하나는 모든 기도와

마찬가지로 예배 행위라는 것이고, 다른 하나는 수덕적인 면에서 우리가 하느님께 끊임없이 관심을 기울이도록 하는 행위라는 것입니다.

예수 기도는 단조롭게 반복해야 하지만 언제나 쉽게 혼자 할 수 있는 매우 친근하고 항상 함께할 수 있는 기도입니다. 기쁠 때나 슬플 때나 그 기도가 습관이 되면 영혼을 일깨우고 하느님의 부르심에 응답하게 됩니다.

신신학자 시메온 성인은 이 기도가 우리에게 미치는 효과를 이렇게 전했습니다.

"다음에 무엇이 올지 걱정하지 마라. 때가 되면 그것을 알게 될 것이다."

제7장

수덕을 위한 기도

Chapter 7

Ascetic Prayer

우리가 주님을 경배하는 마음으로 가득할 때, 다른 사람을 걱정하는 마음으로 가득할 때, 루카 복음사가가 말한 것처럼 "마음에서 넘치는 것을 입으로 말"(루카 6,45)할 때, 이러한 때에는 기도하는 데에 전혀 문제가 없습니다. 그럴 때면 우리는 가장 익숙한 말로 하느님께 자유롭게 말합니다. 그러나 우리가 기분 내키는 대로 기도하는 삶을 산다면 때로는 열심히, 진지하게 기도할지는 모르지만 기도를 통해 하느님과 오랫동안 만나는 일이 없어질 것입니다. 이렇게 되면 하느님께서 우리 가까이에 살아 계시다고 느끼게 되는 순간까지 기도를 미루고 그 순간이 되지 않았는데 기도를 하거나 하느님을 위한 어떤 행동을 하면 진정성이 부족하다고 생각할 수도 있습니다. 이는 커다란 유혹입니다.

삶의 매 순간마다 여러 가지 감정이 생깁니다. 비록 그 감정을 우리가 깨닫지 못했어도 말입니다. 그런데 질병이나 고통과 같은 것들은 그러한 감정을 의식하지 못하도록 막습니다. 누군가를 깊이 사랑할 때에도 깨닫지 못하는 때가 있습니다. 그럼에도 사랑이 우리 안에 살아 있음을 느낍니다. 이는 하느님에 관해서도 마찬가지입니다. 우리에게는 우리가 하느님을 사랑한다는 사실, 우리에게 희망이 있다는 사실, 우리가 그분을 믿는다는 사실을 알기 어렵게 하는 내적·외적인 원인들이 있습니다. 그러할 때에는 느낌을 따르지 말고 아는 것에 따라 행동해야 합니다. 특정한 순간에 그것을 알지 못했다 하더라도 우리 안에 있는 것에 대해서 믿음을 가져야 합니다.

우리는 사랑이 마음을 기쁨이나 영감으로 채워 주지는 않아도 여전히 그곳에 있음을 기억해야 합니다. 느끼지는 못하지만 하느님께서는 항상 우리를 사랑하시고 우리와 함께하신다는 것을 기억하면서 하느님 앞에 서야 합니다.

삶이 어려울 때, 기도가 습관적으로 행하는 가식처럼 보일 때, 어떻게 해야 할까요? 기도가 진심에서 우러나올 때까지 기도를 하지 않는 것이 좋을까요? 그러나 그 '때'가 왔음을 어떻게 알 수 있을까요? 기도에서 멀리 떨어져 있을 때, 완벽한 기도를 하고자 하는 열망에 유혹당할 위험이 있습니다. 이럴 때야말로 포기하지 말고 굳은 믿음을 가지고 나아가야 합니다. 우리는 하느님께 이렇게 말해야 합니다.

"주님, 이 단조로운 목소리와 멋없는 기도문을 받아들여 주시고 도와주소서. 저는 정말 기도할 수 없는 상태입니다."

질적으로 뛰어난 기도를 할 수 없다면 양적으로라도 기도를 많이 하십시오. 물론 주님의 기도를 열두 번 반복하기보다 말씀을 깊이 이해하고 "하느님 아버지."라고만 말하는 편이 더 낫습니다. 그러나 언제나 말씀을 이해할 수 있는 것은 아닙니다. 양적으로 기도를 많이 하라는 말은 평소보다 말을 많이 하라는 의미가 아닙니다. 기도의 일반적인 규칙을 지키면서 여러 번 반복하라는 말입니다.

교부들은 기도를 할 때 항상 성령이 그곳에 계신다고 말했습니다. 바오로 사도는 "성령에 힘입지 않고서는 아무도 '예수님은 주님이시다.' 할 수 없습니다."(1코린 12,3)라고 하였습니다. 성령은 적절한 때가 되면 기도와 믿음과 인내를 새 생명의 의미와 깊이로 채워 주시는 분입니다. 그러므로 낙담하는 순간에 하느님 앞에 있게 되면 의지를 가져야 합니다. 감정이 들지 않는다면 확신으로, 우리가 지닌 믿음으로, 불타는 마음이 없다면 지성을 다해 기도해야 합니다.

그러한 순간에는 기도가 아주 다르게 들릴 테지만 하느님께는 그렇지 않습니다. 노리치의 율리아나 복녀는 《무지의 구름》이라는 책에서 이렇게 말했습니다.

"기도하는 걸 더 이상 즐기지 못한다는 생각이 들 때에도 내적으로 기도하라. 느끼지 못하더라도, 아무것도 깨닫지 못하더라도, 참으로 할 수 없다고 생각될지라도 그것은 유익한 일이다. 무미건조하고, 무력하고, 병들고, 나약해졌을 때, 기도하는 게 전혀 즐겁지 않다고 생각할 테지만 이때 바치는 기도가 내게는 기쁨이 된다. 그리고 내가 보기에는 네가 바치는 모든 기도가 다 그러하다."

건조한 시기, 기도하려고 노력해야 할 때 우리에게는 굳은 결심과 강한 믿음이 힘이 됩니다. 이 두 가지를 지닌 의지가 있어야 감정을 고려하지 않고 하느님께 말씀드리려고 노력할 수 있습니다. 하느님은 하느님이시고, 우리는 그분의 피조물입니다. 주어진 순간에 우리가 무엇을 느끼든지 우리 위치는 동일합니다. 하느님께서는 우리의 창조주이시며, 구원자이시고, 주님이십니다. 그분은 우리가 나아가야 할 대상이자 갈망의 대상이시며 우리에게 성취를 주실 수 있는 유일한 분이십니다.

때로 우리는 기도할 자격이 없고 그럴 권리도 없다고 생각합니다. 그렇지만 이것은 유혹입니다. 웅덩이에 있든 바다에 있든, 어디에 있든지 물 한 방울은 증발하면서 정화됩니다. 하느님께 올라가는 모든 기도도 마찬가지입니다.

우리가 낙담할수록 기도는 더욱 중요해집니다. 어느 날 크론시타트의 요한 성인이 기도를 올리다가 악마를 보았습니다. 악마는 이렇게 속삭였습니다.

"위선자야, 어떻게 감히 그런 마음으로 기도를 하느냐!

내가 너의 생각을 다 읽었다. 너는 더러운 마음으로 가득 차 있다!"

그러자 성인은 악마에게 이렇게 대답했습니다.

"내가 그런 마음을 가지고 있기에 하느님께 기도하는 것입니다."

예수 기도를 하든 다른 기도를 하든 사람들은 종종 이렇게 말합니다.

"내가 무슨 권리로 그 기도문을 사용할 수 있습니까? 어떻게 그 말들을 내 것처럼 말할 수 있습니까?"

우리가 성인이나 다른 사람이 쓴 기도문으로 기도할 때, 그들이 겪은 경험의 결과물을 이용할 때, 충분히 주의를 기울이면 그 말씀은 우리 것이 됩니다. 그렇게 기도하면 우리는 그 기도문에 담겨 있는 감정으로 성장하고, 우리 노력에 응답해 주시는 하느님의 은총에 의해 점차 바뀔 것입니다.

예수 기도를 하면 상황은 더 간단해집니다. 상황이 더 나빠질수록 우리가 하느님께 드릴 수 있는 말은 '키리에 엘레이손Kyrie Eleison'이라고 불리는 "주님, 자비를 베푸소서."라는 기도밖에 없음을 깨닫기가 더 쉽기 때문입니다.

우리는 생각보다 더 자주 주님의 은총을 바라면서, 어떤 일이 일어나길 바라면서, 황홀한 경험을 하길 바라면서 기도를 드립니다. 하지만 이는 잘못된 태도입니다. 인간관계에서 종종 저지르는 이러한 실수는 실제로 관계를 완전히 파괴하기도 합니다. 다른 사람에게 어떤 종류의 반응이 오길 기대하며 다가갔는데 예상했던 반응과 다르거나 아무 반응이 없다면 실망하거나 그런 반응을 외면합니다. 기도할 때 우리를 그분 앞에서 자유롭게 해 주시는 하느님께서는 우리에게서도 자유로운 분이심을 기억해야 합니다. 우리는 기분에 따라 그분을 공손하게 대하거나 무례하게 대할 자유를 지니고 있지 않습니다. 우리가 그분을 향하고 있다고 해서 그분께서 우리에게 자신을 드러내실 의무는 없습니다. 그분께서는 이러한 자유를 지니신 분이십니다. 하느님과 우리 모두가 오고 가는 데 자유롭다는 점을 기억해야 합니다. 그리고 이 자유는 진정한 관계를 위해 반드시 필요한 특성이기에 매우 중요합니다.

언젠가 어느 여성이 하느님과 매우 친밀하게 관계를 맺

으며 기도하는 삶을 보내다 갑자기 그분과 관계가 끊어졌습니다. 그녀는 그분을 잃은 슬픔보다 거짓 하느님이라도 만들어 하느님의 부재를 채우고 싶다는 유혹을 두려워했습니다.

우리는 항상 기도할 준비가 되어 있어야 하며 하느님께서 주시는 것은 무엇이든 받을 준비가 되어 있어야 합니다. 이것이 수덕적인 삶의 기본 원리입니다. 하느님을 향하도록 하고, 하느님을 향하지 못하게 방해하는 내면의 불투명한 것에 대항하려면 우리는 전적으로 능동적이 되거나 전적으로 수동적이 될 수 없습니다. 우리는 스스로 노력해서 하늘나라로 올라가거나 하느님을 하늘에서 내려오시도록 할 수 없다는 점에서 전적으로 능동적일 수 없습니다. 그러나 하느님께서 우리를 물건으로 취급하시지 않기 때문에 가만히 앉아서 수동적으로만 있을 수도 없습니다. 우리가 단지 하느님께 영향을 받기만 한다면 거기에는 진정한 관계란 없을 것입니다.

수덕적인 태도는 경계하는 것입니다. 밤에 가능한 조용히 서서 완전히 예민하게 주변에서 일어나는 어떠한 일 하나라도 올바른 방법으로 신속하게 대응하려 하는 군인의 경계 말입니다. 그는 가만히 서서 아무것도 하지 않기 때문에 비활동적입니다. 반면에 그는 경계하면서 완전히 기억하기 때문에 격렬하게 활동한다고 할 수도 있습니다. 그는 잘 듣고 주의 깊게 관찰하면서 무엇이든 할 준비가 되어 있습니다.

영적인 생활도 이와 같습니다. 우리는 완전한 침묵과 침착함, 경계심을 가지고 동요하지 않은 채 하느님 앞에 서야 합니다. 우리는 몇 시간을 기다릴지도 모르고 더 긴 시간을 기다릴지도 모릅니다. 그러나 어떤 일이 일어날 것이기에 경계해야 합니다. 이 경계하는 태도가 보상받는 순간이 올 것입니다. 다시 말하자면 우리가 조금도 방심하지 않고 경계한다면, 우리는 특정한 한 가지가 아니라 우리에게 올 모든 것을 조망하게 됩니다. 우리는 하느님께서 어떤 것을 보내시든 받을 준비가 되어 있어야 합니다. 그러나 잠시 기도하고 어떤 따뜻함을 느낀다면 우리는 다음 날도 같은 일이 일어나기를 바라면서 하느님께 나아가려는 유혹에 쉽게 빠집니다. 과거에는 따뜻함이나 눈물, 통회나 기쁨으로 기도했다면 이제는 이미 한 체험을 떠올리면서 하느님께 다가가기에 하느님과 새롭게 만날 기회를 놓치게 되는 경우가 많습니다. 옛날 것을 찾기 때문입니다.

하느님께서는 다양한 방법으로 우리에게 다가오실 수 있습니다. 기쁨일 수도 있고, 두려움일 수도 있고 회개거나 다른 어떤 것일 수도 있습니다. 어제 우리가 알던 하느님은 내일 우리에게 자신의 모습을 드러내실 하느님이 아닙니다. 그러니 오늘 우리가 느낄 하느님은 우리에게 전혀 알려지지 않은 모습일 수도 있음을 기억해야 합니다.

제8장

침묵의 기도

Chapter 8
The Prayer of Silence

기도는 기본적으로 하느님과 만나는 것입니다. 그런데 하느님의 존재를 알아차리는 경우도 있지만, 희미하게 느끼는 경우가 더 많습니다. 혹시 그분의 존재를 전혀 알아차리지 못하더라도 믿음으로 그분 앞에 설 수 있다는 점을 기억해 두시기 바랍니다. 하느님과 만나고 그 만남을 유익하게 만드는 것은 그분을 얼마나 인지하고 있는지와 관계가 없습니다. 다른 조건이 필요합니다. 그것은 기본적으로 기도하는 사람이 진실해야 한다는 것입니다.

사회생활을 하며 우리는 다양한 성격을 지니게 됩니다. 같은 사람이라 해도 상황에 따라 다른 모습을 보이기도 합니다. 명령을 해야 할 때에는 권위적이다가도 집에서는 고분고분하고, 친구들 사이에서는 회사나 집과는 다르게 행동합니다. 우리 자아는 이처럼 복잡합니다. 그럼에도 거짓된 성격이나 거짓과 진실이 섞인 성격은 하느님 앞에서 이름을 내세울 진정한 자아가 아닙니다. 이러한 자아는 우리의 기도를 약하게 하고 마음과 의지를 갈라놓습니다. 《햄릿》에서 폴로니어스가 "너 자신에게 진실해라. 그리하면 밤이 낮을 따라오듯이 너는 그 누구에게도 잘못할 일이 없을 것이다."라고 말하듯이 말입니다.

다양한 거짓 인간들 사이, 그리고 그 너머에서 진정한 자아를 발견하는 일은 쉽지 않습니다. 우리는 깊고 진정한 의미의 자신이 되는 것에 익숙하지 않아 어디서부터 찾아야 하는지 알기가 거의 불가능합니다. 우리는 진정한 자신에게 더 가까워지는 순간이 있음을 압니다. 진정한 모습을 알기 위해서는 그 순간을 선별하고 신중하게 분석해야 합니다. 자신에 관한 진실을 발견하기 어렵게 하는 것은 자만심입니다. 자만심 자체와 그것이 우리의 행동을 결정하는 방식이 자신에 관한 진실을 발견하기 어렵게 합니다. 자만심은 가치가 없는 것을 찬양하는 것이며, 자신에 관한 판단, 결과적으로는 삶에 대한 태도를 우리에게 도움이 되지 않는 이의 의견에 의존하는 것입니다. 즉 자신의 성격에 대해 다른 사람들이 어떻게 반응하는지, 그 반응에 의존하는 상태입니다.

그러므로 자만심은 가장 먼저 공격해야 하지만, 교부들이 말했듯이 정복당할 때까지 남아 있는 적입니다. 우리는 '예수님과 자캐오'(루카 19,1-10 참조) 이야기에서 자만심이 정복당한 예를 볼 수 있습니다. 이 이야기는 우리에게 많은 교훈을 줍니다.

자캐오는 세관장이며 부자였습니다. 그는 작은 마을에서 중요한 위치에 있었기 때문에 '사람들이 뭐라고 할까?' 걱정하며 그리스도를 만나기를 주저했습니다. 그러나 그리스도께서 예리코를 지나가신다는 말을 들었을 때 그분을 뵙고 싶다는 열망이 너무 강렬해서 자신이 웃음거리가 될지도 모른다는 사실을 잊었습니다. 웃음거리가 되는 건 때로 그 어떤 것보다 더 고통스러운 일인데도 말입니다. 이 로마 시민은 달려가서 나무 위로 올라갔습니다. 군중들은 그를 볼 수 있었고, 많은 사람들이 비웃었을 것임은 의심할 여지가 없습니다. 그럼에도 예수님을 보고 싶다는 열망이 너무나 강했기에, 다른 사람들이 어떤 생각을 할지 걱정하지 않았습니다. 그 짧은 순간 다른 사람들이 자신을 어떻게 바라볼지 고민하지 않고 온전한 자신이 된 것입니다. 그는 인간 자캐오였지 세리나 부자, 혹은 로마 시민인 자캐오가 아니었습니다.

수치심은 자만심을 없앨 수 있습니다. 그러나 그것을 받아들일 의지가 없다면, 수치심은 더 큰 상처를 입히고 다른 사람의 의견에 더욱 의존하게 합니다. 요한 클리마코 성인과 시리아의 이사악 성인은 자만심에 대해 다른 의견을 보이고 있습니다. 한 사람은 자만심에서 벗어나려면 자존심을 가져야 한다고 하고, 다른 사람은 겸손해야 한다고 말합니다. 두 사람 모두 이를 절대적인 사실로 이야기하지 않았습니다. 문맥 안에서 의견을 드러냈지요. 하지만 우리는 이 두 가지 서로 다른 의견에서 공통점을 발견할 수 있습니다. 즉 자존심을 가지든 겸손하든, 다른 사람들의 의견을 인식하지 않을 때 사람에 대한 판단을 하지 않을 수 있다는 것입니다.

한편 우리는 마카리오 성인의 생애에서 자존심이 자만심을 없애는 예를 볼 수 있습니다. 마카리오 성인이 그가 관리하던 수도원에 가까이 갔을 때였습니다. 그는 여러 명의 수사들이 어린 수사를 비웃고 조롱하는 것을 보았습니다. 그러나 이 어린 수사는 조금도 개의치 않았습니다. 성인은 어린 수사의 침착한 모습을 보고 놀랐습니다. 그는 영적으로 어려움을 느낀 적이 많았기에 이러한 상황에 의구심이 들었습니다. 그래서 그 수사에게 어떻게 어린 나이에도 그리 침착할 수 있는지 물어보았습니다. 그는 이렇게 대답했습니다.

"어째서 개 짖는 소리를 신경 써야 합니까? 저는 그들에겐 아무런 관심도 없습니다. 오직 하느님만이 저를 심판하실 수 있습니다."

이것이 자존심을 가졌을 때 다른 사람의 의견에 좌우되지 않음을 보여 주는 예입니다. 자존심은 스스로를 사물의 중심에 두는 태도입니다. 우리 자신이 진실과 실재, 선악의 기준이 되어 어떤 것을 판단하지 않게 되고 자만심에서 자유로워집니다. 그러나 완벽한 자존심만이 자만심을 완전히 떨쳐 버릴 수 있습니다. 다행스럽게도 이 완벽한 자존심은 인간 능력 밖의 일입니다.

자만심을 없애는 또 다른 방법으로는 겸손이 있습니다. 기본적으로 겸손은 하느님의 심판 아래 끊임없이 머무르는 사람의 태도를 말합니다. 이러한 태도는 마치 땅과 같습니다. 겸손은 라틴어 후무스humus, 비옥한 땅을 의미하는 단어에서 유래했습니다. 비옥한 땅은 당연하게 여겨지며 항상 밟힙니다. 조용하고 이목을 끌지 않으며 어둡지만 항상 어떤 씨앗이든 받아들일 준비가 되어 있습니다. 그 씨앗에 실체와 생명을 줄 준비가 되어 있는 것입니다. 땅은 낮으면 낮을수록 더 많은 열매를 맺습니다. 흙의 모든 불순물을 받아들일 때 진정으로 비옥해지기 때문입니다. 너무 낮아서 그 무엇도 더럽힐 수 없고, 비하할 수 없으며 모욕할 수 없습니다. 땅은 끝자리를 받아들였고 더 이상 낮아질 수 없습니다. 여기에서는 그 무엇도 영혼의 고요함, 평화와 기쁨을 깨뜨릴 수 없습니다.

사람들의 반응에 흔들리지 않는 순간들이 있습니다. 깊은 슬픔을 겪거나 압도적으로 기쁠 때가 그러한 순간입니다. 다윗 임금이 계약 궤 앞에서 기뻐 춤출 때(2사무 6,14 참조) 많은 사람들은 사울의 딸 미칼처럼 임금이 꼴사납게 행동한다고 생각했습니다. 그를 비웃거나 민망해하며 외면했을 것입니다. 그러나 다윗은 기쁨이 가득해 알아차릴 수 없었습니다. 이는 슬픈 경우에도 마찬가지입니다. 슬픔이 진실하고 깊을 때 사람은 진정한 자신이 됩니다.

우리가 기쁘거나 슬플 때 진정한 모습이 된다고 해도, 스스로를 지켜보거나 이럴 때 드러나는 성격을 관찰할 수 없어서 진정한 자신을 찾기에 어려움이 있습니다. 그러나 우리가 진실한 모습이라고 깊이 느끼는 순간은 더 있습니다. 바로 기쁨이나 슬픔에서 충분히 회복될 때입니다. 어떤 특정한 순간의 나 자신이 평소의 나 자신과 크게 다르다는 점을 깨닫는 순간입니다. 그때 우리의 깊고 얕음이 분명하게 드러납니다. 이에 주의를 기울일 수 있다면, 그 순간을 지나치면서 그것을 잊지 않고 바로 다음 마음이나 생각으로 넘어가지 않는다면, 이때 드러난 진실된 성격을 보존하는 법을 점차적으로 배울 수 있습니다.

몇몇 영성 작가들은 우리 안에서 그리스도를 찾기 위해

노력해야 한다고 말합니다. 그리스도께서는 완전하고 진실한 분이시기에, 그분과 유사한 면을 발견할 때 우리 안에 있는 진실을 발견할 수 있습니다. 복음 말씀에는 마음에 걸리는 구절도 있고 마음이 불타오르게 되는 구절도 있습니다("길에서 우리에게 말씀하실 때나 성경을 풀이해 주실 때 속에서 우리 마음이 타오르지 않았던가!", 루카 24,32). 성경을 읽다 보면 그 말씀에 반발하기도 하고 진실로 느끼기도 합니다. 이렇게 두 가지 극단을 발견하게 됩니다.

이는 짧게 말해서 우리 안에 있는 적그리스도와 그리스도입니다. 우리는 이러한 구절들을 모두 인지하고 마음에 가까운 구절에 집중해야 합니다. 그것을 통해 적어도 그리스도와 우리가 닮은 지점이 있음을, 완전하지는 않지만 우리가 진정한 인간이며 그리스도의 모상이라는 점을 깨달을 수 있기 때문입니다. 그러나 감동을 받고 복음의 이 구절이나 저 구절에 이성적으로 완전한 동의를 하는 것만으로는 충분하지 않습니다. 그리스도의 말씀을 구체화해야 합니다. 감동을 받기는 했어도 발견한 것을 적용하는 과정에서 처음 가졌던 생각이나 느낀 모든 것을 버릴 수도 있습니다.

때로는 적과 화해하고 싶은 마음이 들 때가 있습니다. 그러나 상대가 저항하면 그 마음은 호전적으로 변하게 됩니다. 이는 도스토옙스키의 《카라마조프가의 형제들》에 나오는 미우소프에게서 일어나는 일입니다. 그는 무례하고, 경박했으며, 다른 사람을 포용하는 마음이 없었습니다. 그러다 새로운 출발을 하게 되면서 자부심을 되찾았습니다. 그러나 예상치 못한 카라마조프의 오만함 때문에 단번에 마음이 바뀌어 버렸습니다. '아주 기분 좋고 훌륭한 상태에서 즉시 가장 포악한 마음 상태로 변했습니다. 그의 마음속에서 꺼져 버린 것이나 다름없이 잠잠했던 모든 것들이 한순간에 되살아났습니다.'

진실한 구절에 감동을 받는 것만으로는 충분하지 않습니다. 삶의 매 순간이 최고의 순간이 되도록 하려는 노력이 필요합니다. 그러면 우리는 점차 피상적인 존재에서 벗어나 더 진실하고 참된 존재로 살 수 있을 것입니다. 진리이며 실재이신 그리스도처럼 우리도 점점 더 그리스도를 닮아 갈 것입니다. 그분을 닮아 간다는 것은 그분의 행실이나 생활을 흉내 내는 것이 아닙니다. 내적으로도 그리스도를 본받는 것입니다. 어렵고, 힘든 투쟁입니다.

이는 구약과 신약의 차이를 보여 줍니다. 구약의 계명은 삶의 규율이었습니다. 충실하게 이 규율을 지키는 이는 의인이 되지만, 영원한 생명을 얻을 수는 없었습니다. 반면에 신약의 계명은 사람을 의롭게 만들지 않습니다. 그리스도께서는 제자들에게 이렇게 말씀하셨습니다.

"이와 같이 너희도 분부를 받은 대로 다 하고 나서, '저희는 쓸모없는 종입니다. 해야 할 일을 하였을 뿐입니다.' 하고 말하여라."(루카 17,10)

단순히 행동의 규율로서가 아니라, 하느님의 뜻이 우리 마음에 있기에, 또한 외적으로 잘 지키는 것을 너머 우리 안에 아무것도 없음을 알고 우리의 악감정을 억제하고 회개의 길로 들어서면, 우리는 지적으로나 이성적으로나 학문적으로가 아니라 내적으로 하느님을 점차 알게 됩니다.

참되고 진실한 사람은 영혼의 속삭임에 육신이 완전히 반응합니다. 지성과 마음, 의지가 전적으로 하나 된 자세로 하느님 앞에서 기도를 드릴 수 있습니다. 그러나 그러한 완전함에 도달할 때까지는 우리에게 진실한 부분도 있고 진실하지 않은 부분도 있음을 알아야 합니다. 그렇게 해야 하느님의 현존 앞에 설 수 있고, 우리의 모든 것을 그분께 드릴 수 있습니다. 물론 회개하면서 진실하지 않고 일치를 이룰 능력이 없다고 고백할 수도 있겠지요. 그러나 우리가 여전히 분열되어 있든 일치하는 과정에 있든 삶의 어느 순간에도 하느님 앞에 설 수 있습니다. 기도에 힘과 추진력을 주는 완전한 일치 안에 서 있는 대신, 우리의 연약함을 받아들이고 그 결과를 감수할 준비를 한다면 그분 앞에 설 수 있는 것입니다.

옵티나의 암브로시오 성인은 두 부류의 인간이 구원을 받는다고 말했습니다. 죄를 짓고서 회개할 정도로 충분히 강한 사람, 그리고 너무 약해서 진정으로 회개하기조차 힘들지만, 지은 죄의 모든 결과를 감당하기 위해 기쁘게 인내하고 겸손하게 준비된 사람입니다. 그들의 겸손함은 하느님께 받아들여질 것입니다.

하느님은 언제나 실재하시며 그분 자체이십니다. 우리가 그분의 실재를 인식하고 그분과 직면할 수 있다면 모든 일은 단순해질 것입니다. 그러나 우리는 주관적인 방법으로 우리가 서 있는 이 현실, 우리가 마주한 이 진실을 흐릿하게 만듭니다. 즉 참된 하느님을 창백한 모습으로, 심지어 일방적이고 빈약한 개념으로 만들어 그분을 비현실적인 신으로 대체하는 것입니다.

우리가 누군가를 만나야 할 때 실제 상대방이 어떠한 사람인지를 알기보다 그 사람에 관해 형성된 선입견이 강하게 작용하는 경우가 많습니다. 그때는 실제 사람이 아니라 우리가 만들어 낸 모습과 마주하는 것입니다. 이러한 선입견 때문에 편견을 깨고 진실한 관계를 맺으려면 상당히 많은 노력이 필요합니다.

우리는 하느님에 관해서도 여러 생각들을 만들어 냈습니다. 그러나 그 생각이 아무리 고상하고 아름답고 어느 면에서는 참되다 하더라도 조심해야 합니다. 그렇지 않으면 참하느님과 우리 사이에 그 생각이 끼어들게 될 것입니다. 하느님에 대한 생각이 그저 기도드리는 우상이 되어 참하느님을 가려 버릴지도 모릅니다. 이것은 특히 우리가 하느님께 청할 때나 전구를 할 때 일어납니다. 그렇게 되면 우리의 어려움을 돌보시고, 사랑을 베푸시고, 결정을 내려 주실 하느님께 나아가는 것이 아닙니다. 그저 특정한 측면의 하느님께 다가가는 것입니다. 하느님이 아니라 특정한 순간에만 유용한 하느님이라는 개념을 향해 기도하는 것입니다.

우리는 어떤 감정을 겪거나 신비한 체험을 하기 위해 하느님께 나아가서는 안 됩니다. 그분의 현존 안에 있기 위해 나아가야 합니다. 우리가 그분의 현존을 알게 된다면 이는 하느님이 내려 주신 축복입니다. 만일 그분의 부재를 경험하였다 해도 그 역시 하느님의 축복입니다. 그분께서 가까이 오시든 오시지 않든 그분의 자유로움을 보았기 때문입니다.

하느님은 우리처럼 자유로우십니다. 하느님 현존 안에 있지 못하는 것은 우리가 다른 유혹에 빠져 있기 때문입니다. 그분께서 자신의 존재를 드러내 보여 주시지 않는 것은 그분과 우리 자신에 대해 배워야 할 것이 남아 있기 때문입니다. 이처럼 우리가 기도할 때 느끼는 하느님의 부재, 계시지 않는다는 느낌 또한 그분과 맺는 관계의 일부입니다. 그것은 우리에게 매우 가치 있습니다.

하느님이 계시지 않는다는 느낌이야말로 그분의 의도일지도 모릅니다. 절실한 외로움이 무엇인지 경험하도록 하여 그분을 갈망하게 하고 그분의 존재가 얼마나 소중한지 알게 하려는 것일지도 모릅니다. 그러나 하느님의 부재를 깨닫는 경험은 종종 우리가 스스로에게 하느님의 존재를 인지할 기회를 주지 않는 데서 오기도 합니다.

14년간이나 예수 기도를 해 온 여성이 있었습니다. 그는 하느님이 계시다는 느낌을 가져 본 적이 없다고 불평했습니다. 그러나 그녀의 기도를 살펴본 스승이 혼자서만 계속 얘기하고 있다는 점을 지적했습니다. 며칠 동안 말없이 침묵을 지키기로 했습니다. 그렇게 하자 그녀는 하느님의 존재를 인지하게 되었습니다. 그녀를 둘러싸고 있는 침묵이 단순히 공허함이나 소음, 혼란이 없는 상태가 아님을, 그 침묵 안에 견고함이 있음을 깨달았습니다. 그 침묵은 부정적인 것이 아니라 긍정적인 것이었습니다. 침묵은 그녀 안에 새로운 침묵을 만들어 내면서 그녀에게 그분의 현존을 알렸습니다. 그 후, 그녀는 다시 자연스럽게 흘러나

오는 기도를 바치게 되었습니다. 그것은 더 이상 하느님을 알지 못하게 방해하는 소음이 아니었습니다.

우리가 겸손하거나 이성적이라면 기도하기로 했다고 해서 곧바로 십자가의 요한 성인이나 예수의 데레사 성녀, 사로프의 세라핌 성인과 같은 경험을 할 것이라 기대해서는 안 됩니다. 그러나 우리는 성인들과 같은 경험을 항상 하기를 바라지 않고, 단순히 이전에 했던 자신의 경험을 반복하길 갈망합니다. 물론 이전에 했던 경험에 집중하는 일은 우리가 정상적으로 해야 하는 경험을 방해할 수도 있습니다. 우리가 느낀 모든 것은 과거에 속해 있으며 오늘의 우리가 아니라 어제의 우리와 연결되어 있습니다. 우리는 재미있는 어떤 특정한 경험을 하기 위해 기도하는 것이 아닙니다. 어떤 결과가 생기더라도 하느님을 만나기 위해, 우리가 가져가야 할 것을 하느님께 모두 맡기고 그분의 뜻대로 해 주십사 하고 기도하는 것입니다.

또한 그분을 잘 알지 못하더라도 그분께 나아가야 합니다. 이를 반드시 기억하십시오. 당신을 드러내기를 선택하시는, 헤아릴 수 없고 신비로운 그분께 다가가야 합니다.

우리는 아직 알지 못하는 하느님께로 향합니다. 그러니 그분의 인격과 현존을 보여 주는 어떤 표징에도 열려 있어야 합니다.

우리가 겪은 경험, 타인의 경험, 성인이 쓴 글이나 가르침, 성경 말씀을 통해 하느님에 관해서 많은 것을 배워 왔습니다. 그분께서는 선하며 겸손하시고, 타오르는 불꽃이시며, 재판관이자 구세주이시며, 그 외 다른 많은 어떤 것이라고 알고 있습니다. 그러나 일반적으로 여겨지는 방식이 아니라 우리가 전혀 인식하지 못했던 방식으로도 언제든지 그분께서 나타나실 수 있음을 기억해야 합니다.

친밀한 하느님이든 알아보지 못하는 하느님이든 경건한 마음으로 만날 준비가 되어 있어야 합니다. 그분은 자신이 어떤 존재인지 알려 주실 수 있으며, 이는 우리가 기대한 것과 많이 다를 수 있습니다. 우리는 온유하고 자비로우며 사랑이 가득하신 예수님을 만나길 원합니다. 그러나 심판하고 벌을 내리고 가까이 오지 못하게 하시는 하느님을 만날 수도 있습니다. 또한 거절당하리라 예상하면서 회개하러 왔어도 사랑에 넘치시는 그분과 만날 수도 있습니다. 언제나 하느님은 우리에게 부분적으로만 알려져 있습니다. 그분께서 자신을 드러내 보이시면 우리는 그만큼만 알 수 있을 뿐 그분을 완전히 알지는 못할 것입니다. 그분께서는 언제나 절대로 꿰뚫어 볼 수 없는 신성神聖의 신비를 가지고 계십니다.

하느님에 대한 지식은 하느님과의 친교 안에서만, 하느님이 어떤 분이신지 그분께서 보여 주시는 정도까지 그분과 나눌 때에만 전할 수 있습니다. 불교에서는 그것을 소금 인형에 대한 이야기로 설명하였습니다.

메마른 땅에서 긴 순례를 마친 소금 인형이 바다에 도착했습니다. 인형은 이전에 본 적도 없고, 이해할 수도 없는 것을 발견했습니다. 그것은 움직이고, 불안정하고, 시끄럽고, 이상하고, 알 수 없는 새로운 땅이었습니다. 단단하고 작은 소금 인형은 땅 위에 서서 그것에게 물었습니다.

"너는 누구니?"

그것은 말했습니다.

"나는 바다야."

인형이 다시 물었습니다.

"바다가 무엇이니?"

"나야."

"이해할 수 없어. 그렇지만 알고 싶어. 어떻게 해야 알 수 있을까?"

바다가 대답했습니다.

"나를 만져 봐."

인형은 수줍게 발을 앞으로 내밀었습니다. 무엇인가 알 듯한 묘한 생각이 들었습니다. 그런데 다리를 거두어들이자 발가락이 보이지 않았습니다. 문득 겁이 난 인형이 말했습니다.

"앗! 내 발가락은 어디 있지? 무슨 짓을 한 거야?"

바다가 말했습니다.

"너는 무언가를 이해하기 위해서 대가를 준 거야."

물기가 소금 인형의 소금을 조금씩 가져갔고 그 인형은 점점 바닷속으로 들어가게 되었습니다. 인형은 조금씩 바다를 알 듯했지만 무엇이라 말할 수는 없었습니다.

"도대체 바다는 무엇이지?"

인형은 더 깊게 들어갔고 점점 더 녹아내렸습니다. 마

침내 파도가 인형의 마지막 부분을 녹여 버렸을 때 인형이 말했습니다.

"그것은 나야."

그는 드디어 바다가 무엇인지 깨달았습니다. 하지만 그렇다고 바닷물이 무엇인지까지 깨달은 것은 아닙니다.

불교의 이 인형과 그리스도인이 가진 하느님에 관한 지식 사이에 유사점을 굳이 끌어내지 않더라도, 이 짧은 이야기에는 많은 진실이 있습니다. 막시모 성인은 빨갛게 달궈지는 칼을 예로 듭니다. 칼은 어디서 불이 끝나는지 알지 못하고 불은 어디에서 칼이 시작되는지 알지 못합니다. 그래서 불로 녹이거나 철에 불이 붙도록 할 수 있는 것입니다. 소금 인형은 광대한 바다가 된 순간 바다가 무엇인지를 알았습니다. 마찬가지로 우리가 하느님을 알고자 할 때, 하느님을 품는 것이 아니라 하느님께 품어지는 것입니다. 그리하여 그분의 광대함 속에서 안전하게 하느님과 만날 수 있으며, 그 만남을 통해 우리 자신이 되는 것입니다.

아타나시오 성인은 이렇게 말했습니다. 인간은 창조되는 순간부터 신성을 향해 상승한다고 말입니다. 처음부터 하느님께서는 당신과 일치를 이룰 은총을 내려 주십니다. 정교회에서는 은총이 덧붙여진 '인간'은 없다고 봅니다. 우리를 무無에서 불러내신 하느님의 첫 말씀은 하느님이 모든 것에 존재하시고 그분께서 우리 안에 있듯이 우리도 그분 안에 있어야 한다는 것이었습니다. 이는 우리의 소명을 성취하기 위한 첫 단계입니다.

하느님과 관계를 맺는 마지막 단계는 우리가 들어갈 수 없는 신비와 마주하는 순수한 경배의 행위입니다. 우리는 이를 발견할 준비가 되어 있어야 합니다. 우리는 삶의 마지막 순간까지 해마다 점점 더 하느님을 알아 가며 성장합니다. 그분의 모든 것을 안다고 말하게 되는 일 없이 영원히 그분을 알아 갈 것입니다. 이렇게 점진적으로 하느님을 알아 가는 이 과정은 매 순간 우리를 과거의 경험과 아직 우리가 알지 못하는 하느님의 신비와 함께하도록 이끕니다. 우리는 하느님을 잘 알지 못합니다. 이런 까닭에 우리는 그분에 대해 더 많이 배우기가 쉽지 않습니다. 우리가 아는 것보다 알아야 할 것이 항상 더 많습니다. 주님과의 만남은 끊임없이 관점에 변화를 가져옵니다. 그래서 이

전에 알고 있던 점이 나중에 알게 된 점에 비추어 볼 때 대부분 사실이 아님을 계속 깨닫게 됩니다.

이는 우리가 얻는 그 어떤 지식에도 해당됩니다. 과학이나 인문학은 매일 무언가를 가르쳐 줍니다. 그러나 이미 얻은 지식은 우리가 무언가를 찾아낼 수 있는 경계선 너머로 우리를 데려가기에 의미가 있습니다. 우리가 아는 것을 되풀이하기 위해 멈춘다면 시간을 낭비하게 될 것입니다. 그러므로 우리가 기도할 때 진정한 하느님을 만나려면 가장 먼저 이전에 얻은 모든 지식이 우리를 하느님 앞에 서도록 했음을 깨달아야 합니다. 이 모든 것은 소중하고 의미가 있지만, 여기서 더 나아가지 않는다면 실제 삶을 멈추게 되고 지식은 단순한 기억이 될 것입니다.

사람들과 관계를 맺을 때 필연적으로 우리의 한 측면으로 다른 사람의 한 측면과 만납니다. 이는 단순한 관계를 맺을 때에는 좋을지도 모릅니다. 하지만 온전한 우리를 보여 주지 않기 때문에 나쁜 일이 될 수도 있습니다. 하느님께는 그분께 가장 가까운 면, 즉 믿음이나 사랑을 드립니다. 그러나 우리와 하느님의 만남은 한 측면과 이루어지지 않습니다. 이를 알아야 합니다. 우리는 그분의 전체 안에서 그분과 만납니다.

기도할 때 우리는 현존하는 하느님을 체험하고 싶어 하며, 우리가 하는 기도가 대화는 아니더라도 누군가가 들어 주는 이야기이기를 바랍니다. 또한 어떤 존재를 전혀 느끼지 못하고, 듣거나 답하는 이도 없고, 관심을 가지는 이도 없는 허공에 대고 말하는 것은 아닐까 하는 생각에 두려워합니다. 그러나 이는 주관적인 생각일 뿐입니다. 기도의 체험을 인간관계와 비교해 봅시다. 인간관계에서도 우리가 하는 말을 열심히 들어 주는 사람이 있지만 허공에 대고 말하는 듯한 느낌이 들 때도 있을 것입니다. 이처럼 우리가 하는 기도는 항상 하느님께서 듣고 계시지만 늘 기쁨이나 평화로 응답받지는 않습니다.

우리는 이야기를 나눌 때 나는 항상 여기 있고 하느님은 우리 밖에 있다고 생각합니다. 만일 우리가 하느님을 위나 앞, 또는 주변에서 찾으려고 한다면 결코 찾지 못할 것입니다. 요한 크리소스토모 성인은 이렇게 말했습니다. "당신 영혼에는 방이 있습니다. 그 방의 문을 찾으세요. 그러면 그것이 천국으로 들어가는 문임을 알게 될 것입니다."

시리아의 에프렘 성인은 하느님이 인간을 창조하실 때 인간의 가장 깊은 곳에 왕국을 넣으셨으며, 그렇기에 삶의 문제는 감추어진 보물에 다다를 때까지 깊이 파는 것이라고 말했습니다. 즉 하느님을 발견하려면 하느님과 우리가 만날 수 있는 장소, 우리의 가장 중심부에 존재하는 하느님의 왕국이 있는 내면의 방을 찾아서 파헤쳐야 합니다. 이 모든 장애물을 헤쳐 나갈 가장 좋은 도구는 바로 기도입니다. 이때 참하느님을 거짓 하느님, 우상, 상상의 산물로 바꾸지 말고, 어떤 신비로운 경험을 하려고 애쓰지 말고, 열심히 진심으로 기도해야 한다는 점이 중요합니다.

우리가 말하는 모든 단어가 하느님께 가 닿는다고 믿으면서 말하는 데 집중해 보십시오. 그렇게 하면 자신의 말이나 훌륭한 사람의 말을 통해 우리가 느끼는 것이나 우리 안에서 희미하게 느껴지는 것을 이전보다 훨씬 잘 표현할 수 있습니다. 하느님께 들리는 말은 여러 복잡한 말이 아니라 그 말에 담긴 진실함입니다. 그러니 하느님께 말할 때는 짧거나 길게 할 필요가 없습니다. 그저 신중하게 자신의 언어로 진실하게 말하려고 노력해야 합니다.

기도가 자연스럽고 쉬울 때가 있기도 하고 연못이 말라 버린 듯 어렵게 느껴지는 순간도 있습니다. 이럴 때는 우리의 믿음을 표현하기 위해 다른 사람의 말을 빌려 기도해야 합니다. 마음속 깊은 곳이 생생하게 느껴지지 않는 때 이 방법은 도움이 됩니다. 우리는 하느님을 믿는 동시에 스스로를 믿으면서 기도해야 합니다. 우리의 일부이기도 한 희미한 믿음을 믿으면서 말입니다.

자신의 말이나 다른 사람의 기도문 없이 완전한 침묵으로 기도하는 때도 있습니다. 이러한 완전한 침묵은 이상적인 기도입니다. 단, 그 침묵이 헛된 것이 아니라 진솔하다면 말입니다. 우리는 육신과 영혼의 깊은 침묵이 의미하는 것을 온전히 체험해 본 일이 거의 없습니다. 완전한 평화가 육신과 영혼을 가득 채울 때, 그 어떤 종류의 혼란스러움도 없을 때, 하느님을 경배하며 완전히 열린 채로 그분 앞에 있을 때와 같은 체험을 해 본 적이 거의 없는 것입니다. 너무 많이 말했기 때문에 더 이상 말하기는 어렵지만, 육체적으로나 정신적으로 편안하다고 느낄 때가 있습니다. 그럴 때 이 상태를 어지럽히지 않기를 바라며 이 깨지기 쉬운 균형 속에서 행복하다고 느낍니다. 이것이 바로 헛된 침묵으로 빠져드는 경계선입니다. 침묵은 생각이나 감정의 혼란이 없는 상태지만 거기에는 완전한 경계가 있습니다. 그 경계는 하느님께 열려 있는 마음입니다.

우리는 가능한 침묵을 지켜야 하지만 침묵하면서 단순히 만족하기만 하면 안 됩니다. 이를 방지하기 위해 정교회의 훌륭한 작가들은 정상적인 기도도 포기해서는 안 된다고 경고합니다. 관상하는 침묵에 도달한 사람들조차도 영적으로 위험에 처할 때마다 다시 관상을 할 수 있도록 기도문으로 기도할 필요가 있음을 알기 때문입니다.

그리스의 교부들은 이 침묵을 헤시키아hesychia라고 부릅니다. 그들은 이 헤시키아를 기도 생활의 시작이자 끝이라고 여깁니다. 이 침묵은 영혼의 모든 힘과 육신의 모든 능력이 완전히 평화롭고, 조용하고, 차분하여 혼란이나 불안 없이 완전히 깨어 있는 상태를 말합니다. 교부들의 많은 글에서 연못에 관한 비유가 자주 나옵니다. 연못 표면에 물결이 이는 한, 나무도, 하늘도 제대로 비출 수 없습니다. 표면이 고요할 때 하늘이 완벽하게 비치고 둑에 있는 나무와 모든 것이 현실과 똑같이 뚜렷하게 비칩니다.

교부들이 사용한 것과 같은 종류의 다른 비유도 있습니다. 연못에 있는 진흙이 가라앉지 않으면 그 물은 흐려서 물속에 있는 어떤 것도 들여다볼 수 없다는 것입니다. 이 두 비유는 사람의 마음 상태에도 적용됩니다. "행복하여라, 마음이 깨끗한 사람들! 그들은 하느님을 볼 것이다." (마태 5,8) 수면에 물결이 이는 한, 연못을 둘러싸고 있는 아무것도 제대로 비출 수 없고, 물속에 진흙이 떠 있는 한 그 안에 있는 어떤 것도 볼 수 없습니다.

영혼이 가만히 있지 않는 한 표면에 비친 모습을 보지 못합니다. 그러나 고요함이 우리를 하느님의 현존으로 이끌어 줄 때, 훨씬 더 절대적인 침묵이 생깁니다. 이러한 영혼의 침묵은 고요하고 차분할 뿐만 아니라 하느님의 현존에 대한 경외심을 갖게 합니다. 노리치의 율리아나 복녀가 "기도는 영혼을 하느님께 데려간다."라고 한 말처럼 말입니다.

맺음말

 우리는 모두 초심자입니다. 그렇기에 저는 강연을 하려는 것이 아닙니다. 다만 저의 경험을 통해, 다른 사람의 경험을 통해 배운 것을 여러분과 나누고자 할 뿐입니다.
 기도는 본질적으로 하느님과 영혼의 만남입니다. 그러나 그 만남이 실제가 되기 위해서는 진정한 자신이 되어야 합니다. 넓은 범위에서 우리는 진정한 자신이 아니며 우리와 관계 맺는 하느님도 종종 참하느님이 아닙니다. 이는 우리가 하느님께로 향한다고 믿지만 실제로는 하느님이라고 상상하는 개념을 향하기 때문입니다. 물론 우리는 진실한 상태로 그분 앞에 서 있다고 생각합니다. 그러나 대부분의 경우 진정한 자기 자신이 아니라 배우, 사기꾼의 모습을 앞세우고 있습니다. 우리는 모두 동시에 여러 사람이 되기도 합니다. 그것은 풍요롭게 혼합된 모습일 수도 있지만 서로 조화를 이루지 못하는 성격들이 불행하게 만난 모습일 수도 있습니다.

우리는 상황과 환경에 따라 달라집니다. 우리와 관계를 맺는 다양한 사람들은 우리를 각각 다른 사람으로 알고 있습니다. "그는 양을 만나면 사자가 되지만, 사자를 만나면 양이 된다."라는 러시아 속담이 있습니다. 이 말은 여러 측면에서 봤을 때 맞다고 생각합니다. 밖에서는 누구에게나 미소 짓는 사람이 집에서는 무섭게 변한다거나 공적으로 권력을 가진 이가 사적으로는 주눅 들어 사는 경우가 있습니다.

기도하려 할 때 우리가 지닌 여러 성격 중에서 어느 것으로 하느님을 만나야 할지 찾기는 매우 어렵습니다. 진정한 자기 자신이 되는 데 익숙하지 못하기에 어느 것이 진정한 자아인지 알지 못합니다. 그래서 어떻게 그 자아를 발견해야 할지도 모릅니다. 이는 쉽지 않습니다. 그러나 하루에 몇 분 동안만이라도 우리가 하는 여러 행동과 만남을 생각해 본다면, 그것을 발견하기가 훨씬 쉬워집니다. 즉 우리가 무슨 행동을 할 때 어떤 모습이었는지, 누군가를 만났을 때는 어떤 모습이었는지 알 수 있을 것입니다. 이렇게 자문해 보십시오. "진정한 나 자신이 되는 것은 언제인가?" 아마도 그런 적이 거의 없거나 아주 짧은 찰나였거나, 특정한 상황에서 특별한 사람을 만날 때에만 진정한 자신이 될지 모릅니다. 이를 들여다보기 위해 하루에 5분이나 10분 정도만 시간을 들여 보기를 권합니다.

우리는 무언가가 반영되는 삶을 살고 있습니다. 다양한 상황에서 다양한 사람이 되기도 하고 우리 삶이 다른 사람에게 자주 속하기도 합니다. 만일 스스로를 자세히 들여다보며 얼마나 자주 나의 진짜 성격대로 행동했는지, 얼마나 자주 자신을 있는 그대로 보여 주는지 묻는다면 아마 거의 그런 경우가 없음을 알게 될 겁니다. 우리는 주변의 TV, 라디오, 신문 같은 것을 보고 거기에서 전달하는 불필요한 정보에 빠져 있을 때가 많습니다. 그러나 하루에 몇 분 동안은 정신을 집중하고 삶에서 필수적이지 않은 모든 것을 떨쳐 버려야 합니다.

우리는 자기 자신과 혼자 남겨지는 순간 지루함을 경험해야 합니다. 이것이 우리 안에 아무것도 남지 않았다는 의미는 아닙니다. 우리는 하느님의 모상으로 만들어졌기 때문입니다.

삶에서 필수적이지 않은 것들을 떨쳐 버리는 일은 다음과 같이 설명할 수 있습니다. 아름다운 고대 벽화나 훌륭한 화가가 그린 진정한 아름다움을 가진 작품이 있습니다. 이 작품의 의미를 잘 알지 못하는 사람들이 수 세기 동안 덧칠해 왔다고 해 봅시다. 이때 덧칠한 것을 벗겨 내는 것, 그것이 바로 삶에서 필수적이지 않은 것을 버리는 일과 같습니다. 우리가 벗겨 내면 낼수록 더 많은 것들이 사라집니다. 그리하여 그곳에 어느 정도의 아름다움이 남아 있음을 보게 됩니다. 온전하지는 않아도 어느 정도의 아름다움은 볼 수 있는 것입니다. 그것은 훌륭한 화가가 표현한 진정한 아름다움입니다. 그 그림에서 불행과 혼란을 보기도 하지만 그와 동시에 진정한 아름다움을 미리 봅니다. 그와 함께 우리가 하느님을 필요로 하는 불쌍한 사람임을 발견합니다. 우리에게 필요한 하느님은 빈틈을 채우기 위한 하느님이 아니라 만나기 위한 하느님입니다.

그러니 매일 저녁 다음과 같은 기도를 바치도록 합시다.

"주님, 모든 위선을 버리고 진정한 자신을 발견하도록 도와주소서!"

해가 되는 행동을 그만두고 위선적인 삶에서 벗어날 때, 하느님의 커다란 선물인 슬픔과 기쁨은 진정한 우리 자신과 만나는 지점이 될 것입니다.

다음으로 참된 하느님에 관한 문제를 곰곰이 생각해야 합니다. 우리가 하느님께 말하기 위해서는 이 하느님이 실재해야 합니다. 교장의 예를 들어 보겠습니다. 우리 모두는 교장이 학생들에게 어떤 존재인지를 압니다. 학생들이 교장을 만나려면 그에게 가야 합니다. 그러나 자라서 교장의 영향력에서 벗어날 때까지는 교장도 인간이라는 점을 생각하지 않습니다. 교장을 주어진 역할로만 생각합니다. 여기에는 교장 개인의 특성이 배제되어 있어서 그와 인간적인 만남은 가능하지 않습니다.

사랑을 할 때도 예로 들 수 있습니다. 소년과 소녀가 사랑에 빠졌을 때, 그는 모든 완벽함으로 소녀를 치장합니다. 그러나 다른 이가 보는 그녀는 단점이 가득한 사람일 지도 모릅니다. 소년이 보는 소녀는 어느 누구도 아니라 만들어진 사람입니다. 그렇게 되면 그 상대는 존재하지 않기에 진정한 관계를 맺을 수 없습니다.

하느님의 경우도 마찬가지입니다. 우리는 하느님에 대한 정신적이거나 시각적인 상像을 지니고 있습니다. 책이나 성당에서, 어릴 때 어른들에게, 나이가 들면서 신부님에게 배워서 얻은 상입니다. 이 상은 우리가 참된 하느님과 만나는 것을 종종 방해합니다. 이 안에도 진리가 담겨 있기 때문에 완전히 거짓된 상은 아니지만, 하느님의 실재와는 어울리지 않습니다. 우리가 만나야 하는 하느님과 관계를 맺길 바란다면 더 나아가야 합니다.

지금 우리가 가진 하느님에 대한 지식은 우리가 지난날 체험한 결과입니다. 만일 우리가 지금까지 알아 온 하느님 앞에 자신을 세워 둔다면 현재와 미래에는 등을 돌리고 단지 과거만을 돌이켜 보는 일이 될 것입니다. 그것은 우리가 만나고자 하는 하느님이 아니라 이미 알았던 하느님입니다. 이것은 신학의 역할을 설명해 줍니다. 신학은 하느님에 대한 우리의 전체 지식을 뜻합니다. 신학을 우리가 그분에 대해서 이미 알고 배웠던 얕은 지식들이 모인 것이라고 생각하면 안 됩니다. 있는 그대로의 하느님을 만나고 싶다면 어떤 체험을 가지고 하느님 가까이로 가서 내가 아는 하느님이 아니라, 알기도 하고 모르기도 하는 하느님 앞에 서야 합니다.

그럼 무엇이 일어날까요? 자유로이 오시고, 반응하시고, 기도에 응답하시는 하느님께서 우리에게 오시어 그분의 존재를 느끼고 인지하도록 하십니다. 물론 그렇게 하지 않으실지도 모릅니다. 하느님께서 그분이 계시지 않는다는 감각을 느끼도록 하실지도 모릅니다. 이 경험은 다른 경험과 마찬가지로 중요합니다. 응답해 주시기도 하지만 멀리 떨어져 계시기도 하는 하느님의 실체實體를 발견할 수 있기 때문입니다.

그러니 자신의 진정한 모습을 발견하고, 하느님의 모든 거짓된 형상이나 우상을 떨쳐 버리고 있는 그대로인 하느님과 마주하도록 노력해 보십시오. 이를 돕기 위해서, 이러한 노력에 지지를 보내기 위해서 저는 이번 주에 이 기도문으로 기도할 것을 제안합니다.

"오, 주님! 어떻게 해서든 당신에 대한 모든 거짓된 상을 버리도록 도와주소서."

이미 언급했듯이 진정한 우리 자신을 찾을 때에 지루함뿐만 아니라 두려움, 좌절감조차 맛보게 될지도 모릅니다. 이렇게 벌거벗었다고 느낄 때에야 우리는 우리 자신이 될 수 있습니다. 그런 후에 진정한 기도를 시작할 수 있게 됩니다.

이때 하느님께 거짓말하지 말아야 합니다. 우리는 이 사실을 아주 당연하게 여기면서도 언제나 지키지는 않습니다. 자신이 어떤 사람인지 하느님께 솔직히 이야기합시다. 그분이 모르기 때문이 아닙니다. 자신이 사랑하는 어떤 사람이 제 모든 것을 알고 있다고 간주하는 것과, 자신에 대해 그 사람에게 모든 것을 솔직하게 이야기할 만큼 용기와 사랑을 가진 것 사이에는 큰 차이가 있습니다. 지금 불안한 마음으로 그분 앞에 서 있음을, 사실 그분을 만나길 원하지 않음을, 피곤해서 잠이나 더 자고 싶은 마음을 솔직하게 그분께 말씀드립시다. 그러나 경박하거나 주제넘은 행동을 하지 않도록 주의하십시오. 그분은 여전히 우리의 하느님이십니다.

그 후에 우리가 진심으로 사랑하는 사람과 함께하며 진정한 친밀감을 맺을 때처럼 그분 앞에서 행복하게 머무르면 가장 이상적일 것입니다. 그러나 우리는 하느님과 그러한 관계를 맺지 못할 때가 많습니다. 단지 앉아서 그분을 보고 기쁨을 느낄 수 있을 만큼 행복하고 그분과 친하다고 느끼지 못합니다. 말을 해야 할 때면 그 말이 진실해야 합니다. 모든 근심과 걱정을 하느님께 맡기고, 모든 것을 숨김없이 말씀드리십시오. 그러면 하느님은 그것들을 알게 되시고 우리는 그분께 맡기기만 하면 됩니다. 그분께서 아시기 때문에 더 이상 그것은 우리 관심사가 아닙니다. 이제 우리는 자유롭게 그분을 생각할 수 있습니다.

지난번에 한 연습에 다음 연습도 추가해야 합니다. 하느님 앞에 앉아 모든 걱정을 그분께 드리는 연습입니다. 그분 앞에서 자신을 가라앉힌 다음, 모든 걱정들을 내려놓으십시오. 그리고 이렇게 할 수 있도록 도와주는 간단하고 명확한 기도문으로 반복해서 기도합시다.

"주님, 모든 것을 내려놓고 제 마음을 당신께 두도록 이끌어 주소서."

만일 근심이나 걱정을 하느님께 맡기지 않는다면, 그것들은 그분과 우리 사이에 끼어들게 될 것입니다. 그렇기에 방금 보았듯이 그것들을 내려놓는 단계가 꼭 필요합니다. 우리 어깨에서 내려놓고 싶은 근심이나 걱정을 맡길 수 있을 만큼 하느님을 믿고 그분께 모든 것을 맡겨야 합니다. 그럼 그다음에는 무엇을 해야 할까요? 자신을 온전히 비워 더 이상 남은 것이라고는 없어 보이는데 어떻게 해야 할까요?

우리는 비워진 채 있을 수 없습니다. 그렇게 된다면 잘못된 감정, 생각, 느낌, 회상 등으로 다시 가득 채워지기 때문입니다. 만남은 한쪽에서 일방적으로 이야기하는 것이 아닙니다. 대화도 마찬가지입니다. 다른 사람이 하는 말을 들어야 합니다. 그러기 위해서는 침묵하는 법을 배울 필요가 있습니다. 이것은 사소해 보일지라도 매우 중요합니다.

제가 사제로 서품되고 나서 맨 처음으로 상담을 하러 온

노부인이 다음과 같이 말한 것을 기억합니다.

"신부님, 저는 14년 동안이나 거의 끊임없이 기도를 해 왔는데, 하느님이 존재하신다는 것을 한 번도 느낀 적이 없습니다."

"하느님께 말씀하실 기회를 드렸습니까?"

노부인은 대답했습니다.

"흠, 저는 언제나 쭉 그분께 말씀드렸습니다. 기도란 그런 것이 아니던가요?"

저는 다른 방법을 권하기로 했습니다.

"아닙니다. 저는 그렇게 생각하지 않습니다. 이렇게 해 보시면 어떨까요? 하루에 15분만 하느님 앞에 앉아 뜨개질을 하는 것입니다."

노부인은 그렇게 했습니다. 그 결과 어떻게 되었을까요? 얼마 안 되어서 노부인은 다시 왔습니다.

"참으로 놀라워요. 제가 하느님께 기도할 때, 그러니까 그분께 말씀드릴 때에는 아무것도 느끼지 못했는데, 단지 그분과 마주하고 조용히 앉아 있으니 그분의 현존에 감싸여 있음을 느꼈어요."

침묵을 유지하는 법을 배우지 않는다면, 하느님이 보이지 않음에도 그분과 마주하며 그분이 현존하신다는 기적에 기뻐하는 법을 배우지 않는다면, 하느님께 마음에서 우러나오는 진실한 기도를 할 수 없을 것입니다.

우리는 할 말을 다하고 나서 어떻게 해야 할지 모를 때가 있습니다. 이럴 때 무엇을 해야 할까요?

먼저 정해진 기도부터 시작해야 합니다. 어떤 사람들은 정해진 기도를 바치는 것이 너무 쉽다고 생각합니다. 그와 함께 누군가가 과거에 반복해서 말했던 것을 외고 있을 뿐인데 그것을 기도라고 받아들일 위험이 있다고 생각합니다. 실제로 기계적으로 외울 뿐이라면 기도할 가치가 없을 것입니다. 하지만 자신이 바치는 기도문에 얼마나 집중하는지에 따라 그 기도가 기계적인지 아닌지 결정됩니다.

어떤 이들은 정해진 기도는 자신이 한 말이 아니라서 비현실적이라고 불평합니다. 그런 기도가 어떤 의미에서는 비현실적일 수 있습니다. 그러나 훌륭한 화가의 그림이 초등학생에게는 비현실적으로 느껴지고, 유명한 작곡가의 음악이 초보자에게는 비현실적으로 느껴질지 모릅니다.

우리는 진정한 그림이나 음악이 무엇인지를 배우기 위해 화랑에서 그림을 보고 연주회에도 가며 취향을 만들어 갑니다. 이것이 교회에 속한 우리가 표현 방법, 생각, 감정을 배우기 위해 정해진 기도를 해야 하는 이유입니다. 또한 이것은 할 말이 거의 없을 때 도움이 되기도 합니다.

우리가 홀로 있을 때 벗겨지고 벌거벗고 **뼈**만 남는 사람이 되는 것과는 별개로, 우리는 하느님의 자녀이자 그분의 모상입니다. 그렇기에 교회의 가장 거룩하고 성스러운 기도문으로 기도할 수 있습니다. 이것을 기억해야 합니다. 우리가 해 온 연습에 단 몇 분, 3, 4분 정도라도 침묵 안에 머무르고 다음과 같은 기도로 끝맺도록 합시다.

"주님, 제 죄를 생각하여 이웃을 심판하지 않도록 도와주십시오. 모든 영광이 오직 당신께 있기를 빕니다."

응답받지 못한 기도에 관해 이야기하기 전에 우리 모두를 깨우쳐 달라고 하느님께 기도하고 싶습니다. 응답받지 못한 기도는 이야기하기 어렵지만 그만큼 중요한 주제입니다. 이는 누구든지 기도하면서 만나게 되는 커다란 유혹이며 초심자든 능숙한 사람이든 하느님께 기도하기를 매우 어렵게 합니다. 사람들은 자주 기도를 하지만 텅 빈 하늘에 대고 말하고 있다고 느낍니다. 그 이유는 그 기도가 의미가 없고 유치하기 때문입니다.

언젠가 어떤 노인이 저에게 와서 이렇게 말했습니다. 어렸을 때 그의 삼촌이 가진 놀라운 선물(매일 저녁 빼는 틀니)을 하느님께 달라고 몇 달 동안 기도했다고 합니다. 그 후 그 노인은 하느님이 자신의 소망을 들어주시지 않아 너무 다행이라 여겼다고 했습니다.

흔히 우리의 기도는 이와 같이 유치합니다. 물론 이러한 기도는 이루어지지 않습니다. 우리는 기도할 때에 올바르게 기도한다고 믿지만, 전혀 생각지도 못한 다른 사람을 포함하는 기도를 하는 경우가 많습니다. 항해 중에 바람이 불게 해 달라고 기도하게 되면 그것이 다른 사람에게는 풍랑을 의미할지도 모른다는 점을 인식하지 못하는 것입니다. 하느님은 다른 사람에게 나쁜 영향을 끼치는 어떤 요구도 들어주시지 않습니다.

이런 두 가지 명백한 점 이외에도 응답받지 못하는 기도에는 좀 더 근본적인 측면이 있습니다. 우리는 어느 모로 보나 들어줄 가치가 있다고 보이는 어떤 것을 온 마음을 다하여 하느님께 비는 경우가 있습니다. 그러나 오직 침묵만이 있을 뿐입니다. 침묵은 거절보다 훨씬 더 견디기 힘듭니다. 하느님이 "안 된다."라고 하신다면 그것은 하느님의 긍정적인 반응이 되지만, 침묵은 하느님의 부재이며 우리를 두 가지 유혹으로 이끕니다. 하느님 혹은 자신을 의심하게 되는 유혹이지요.

우리가 하느님을 의심한다면 우리의 바람을 들어주시는 하느님의 권능이 아니라 그분의 사랑과 관심을 의심하는 것입니다. 우리는 본질적인 것을 요청하는데 그분은 관심조차 기울이지 않는 듯 여겨집니다. '그분의 사랑과 자비는 어디에 있단 말인가?' 이런 마음을 가지는 것이 첫 번째 유혹입니다.

또 다른 유혹은, 겨자씨만 한 믿음만 있으면 산이라도 움직일 수 있음을 알고 있는데 아무것도 움직이지 않는 것을 볼 때입니다. '그렇다면 내가 가진 믿음은 가짜란 말인가?' 하고 생각하게 됩니다. 이 역시 사실이 아니며 다른 답이 있습니다.

복음서를 주의 깊게 읽어 보면 그 안에 응답받지 못한 기도가 단 하나임을 발견할 것입니다. 바로 겟세마니 동산에서 그리스도께서 하신 기도입니다. 역사상 단 한 번 하느님이 기도하는 사람을 걱정하셨다면 죽음을 앞둔 그분의 아드님의 경우였을 것입니다. 우리는 완전한 믿음의 예시가 그리스도임을 알고 있습니다. 하느님께서는 고통받는 신성한 사람의 믿음이 침묵을 견딜 만큼 충분히 크다는 것을 알고 계셨습니다.

즉, 하느님께서는 기도가 합당하지 않을 때 응답을 하지 않으시기도 하지만 응답을 하지 않는 다른 경우도 있는 것입니다. 그분이 침묵하셔도 우리의 믿음이 전혀 흔들리지 않고 더 깊어지는 경우입니다. 그리하여 그분의 침묵에도 우리가 그분께 믿음을 두고 의지할 수 있도록 하십니다.

저는 불치병에 걸린 한 여성을 기억하고 있습니다.

하느님의 현존을 인지한 몇 년 후, 갑자기 그 여성은 하느님의 부재를 느끼고 이런 편지를 썼습니다.

"그분이 계시지 않음을 인정하기보다는 그분의 존재에 대한 환상을 만들어 내려는 유혹에 빠지지 않도록 제발 하느님께 기도해 주십시오."

그 여성의 믿음은 위대했습니다. 그렇기에 이 유혹을 견딜 수 있었습니다. 하느님은 침묵함으로써 그분의 부재를 경험하도록 하신 것입니다.

이러한 예시들을 기억하고 곰곰이 생각해 보시기 바랍니다. 언젠가 여러분도 똑같은 상황에 처할 것입니다.

이에 대해서는 저는 여러분에게 어떠한 방법도 알려 줄 수 없습니다. 다만 한 가지, 하느님의 사랑에 대한 믿음과 우리의 정직하고 진실한 신앙에 대한 믿음을 늘 완전하게 지켜 나가 주기를 바랄 뿐입니다. 이러한 유혹에 부딪힐 때 예수 그리스도가 직접 말씀하신 이 기도문을 바칩시다.

"제 영을 아버지 손에 맡깁니다. 제 뜻이 아니라 아버지의 뜻이 이루어지게 하십시오."

저는 기도에 접근하는 중요한 방법을 알려 주려고 노력했습니다. 하지만 그것만 행한다면 기도할 수 있게 되는 것일까요? 아닙니다. 기도는 단순히 기도하고 싶다는 순간을 만들려는 노력이 아니기 때문입니다. 기도는 일상생활에 뿌리를 박고 있어야 합니다. 생활이 기도와 반대이거나 기도가 생활과 아무런 관계도 없다면 우리의 기도는 결코 살아 있는 것이 아니고 진실하지도 못할 것입니다.

물론 생활 안에서 기도의 토대에 어울리지 않는 부끄러워하거나 불안해하는 모든 것을 기도에서 제외하면 그러한 어려움에서 손쉽게 벗어날 수 있습니다. 그러나 그렇게 해서 만족스럽게 해결되지는 않습니다.

우리가 끊임없이 부딪치는 또 다른 어려움은 삶의 근본적인 것을 표현하는 기도가 아니라 감상적인 기도를 바치며 헛된 일을 바라는 것입니다. 이 두 가지 어려움에 대한 해결책이 하나 있습니다. 기도와 생활을 결합해서 살아 있는 기도로 만드는 것입니다. 정해진 기도는 이렇게 하기 위해 아주 중요합니다. 기도하는 방법에 대한 객관적이고 튼튼한 윤곽을 보여 주기 때문입니다. 어쩌면 그것이 부자연스럽다고 말할지도 모릅니다. 그 기도문이 우리의 상상을 뛰어넘는 독실한 그리스도인의 삶을 표현하기에 우리와 맞지 않는다고 할 수도 있습니다. 그러나 바로 그것이 기도를 자연스럽게 잘하는 사람이 되기 위해 정해진 기도를 하는 이유입니다.

"제 영을 아버지 손에 맡깁니다."(루카 23,46)라고 하신 그리스도의 말씀을 기억할 것입니다. 물론 이것은 우리의 경험이 아닙니다. 그러나 매일 성실하고 정직하게 이렇게 기도할 수 있는 사람이 되려고 노력한다면, 우리의 기도뿐만 아니라 하느님의 진정한 자녀가 되는 새로운 현실과 함께 우리도 진실하게 될 것입니다.

예를 들어, 제가 이 장에서 제안한 기도문 하나하나와 그 기도에 담긴 청원을 받아들이고, 그 기도문을 삶을 이끌어 주는 모토로 삼으려 노력한다면, 그 기도가 우리 삶의 기준이 될 것입니다. 그러나 한편으로는 여러분을 위해서거나 여러분에게 반대하여 이 기도문을 바칠 때 거짓말을 하도록 하거나, 반대로 그 기도가 진실하다는 것을 확증하게 함으로써 여러분의 삶이 시험에 들게 할 것입니다. 각 기도문 하나하나를 택해서 하나씩 그날의 규율로 삼으십시오. 이 기도문을 삶에서 실천하는 사람이 될 때까지 몇 주 동안 끊임없이 그렇게 하십시오.

이제 우리가 헤어질 시간입니다. 여러분과 함께하는 시간은 아주 즐거웠습니다. 여러분을 직접 보지는 못했지만,

우리는 기도 안에서, 영적인 생활을 위한 관심 안에서 하나입니다. 여러분 각자에게, 그리고 우리 모두에게 주 하느님께서 함께하시기를 빕니다.

헤어지기 전에 하느님의 어좌 앞에 우리 모두 하나가 되도록 이끌어 줄 기도를 바치고 싶습니다.

주님,
당신께 무엇을 청해야 할지 알지 못합니다.
오직 당신만이 제가 진정으로 원하는 것이 무엇인지 아십니다.
당신은 제가 저를 사랑하는 것보다도 더 저를 사랑하십니다.
저에게 감춰져 있는 진정한 소망이 무엇인지
알 수 있도록 도와주소서.
감히 저는 십자가도 위로도 그 어떤 것도 청할 수 없습니다.
오직 당신을 기다릴 뿐입니다.
제 마음은 항상 당신에게로 향해 있습니다.
오셔서 제발 당신 자비로 저를 도와주십시오.
아프게도 하시고 치유도 해 주시며,
떨어지게도 하시고 올라가게도 하십시오.

저는 침묵 안에서

당신의 거룩한 뜻과 당신이 행하시는 헤아릴 수 없는 일들을

찬미합니다.

저를 당신께 희생 제물로 바칩니다.

당신께 온전히 제 믿음을 둡니다.

당신의 뜻을 따르는 것 외에는 아무것도 바라지 않습니다.

제 안에 있는 당신께

기도하는 법을 가르쳐 주십시오.